经济管理学术文库·经济类

企业市场分析与竞争力研究
——以东北地区饲料加工业为例

Market Analysis and Competitiveness of Enterprises
—A Case Study of Feed Processing Industry in
Northeast China

丁孟春／著

图书在版编目（CIP）数据

企业市场分析与竞争力研究——以东北地区饲料加工业为例/丁孟春著 . —北京：经济管理出版社，2019.5
ISBN 978 - 7 - 5096 - 6533 - 6

Ⅰ.①企⋯　Ⅱ.①丁⋯　Ⅲ.①饲料加工—农业企业—市场竞争—研究—东北地区　Ⅳ.①F324.6

中国版本图书馆 CIP 数据核字（2019）第 071260 号

组稿编辑：杨国强
责任编辑：杨国强
责任印制：黄章平
责任校对：张晓燕

出版发行：经济管理出版社
　　　　　（北京市海淀区北蜂窝 8 号中雅大厦 A 座 11 层　100038）
网　　址：www.E - mp.com.cn
电　　话：（010）51915602
印　　刷：北京玺诚印务有限公司
经　　销：新华书店
开　　本：720mm×1000mm/16
印　　张：10.75
字　　数：151 千字
版　　次：2019 年 8 月第 1 版　2019 年 8 月第 1 次印刷
书　　号：ISBN 978 - 7 - 5096 - 6533 - 6
定　　价：68.00 元

·版权所有　翻印必究·
凡购本社图书，如有印装错误，由本社读者服务部负责调换。
联系地址：北京阜外月坛北小街 2 号
电话：（010）68022974　邮编：100836

前　言

　　饲料加工业是一个综合性的产业部门，是以饲料生产企业为核心，上游连接种植业，下游连接养殖业，以市场机制为中心形成的产业链组织。目前，中国饲料加工业已经形成了包括饲料加工工业、饲料原料工业、饲料添加剂工业和饲料机械工业在内的结构比较完整、功能比较齐全的产业体系，成为国民经济中不可替代的基础产业，具有举足轻重的地位。饲料加工业的大力发展，不仅带动了种植业和养殖业的发展，而且促进了畜禽产品加工、物流、仓储、零售业的进步，对推进第三产业的发展，调整和优化农业产业结构具有非常重要的意义。目前，东北地区的饲料加工业体系已经基本形成，饲料加工业已经成为国民经济中的重要产业部门。饲料加工业在总产量和企业数量等方面有了一定的优势，一些大型企业集团在国内市场上占有一席之地，但东北地区的饲料企业集中度偏低，基本属于原子型的市场结构，数量众多的小企业不能形成规模经济，竞争激烈。而且大量条件不足的新生饲料企业纷纷进入市场，这些企业实力不强，在产品开发上完全模仿知名企业的产品，同质化现象严重，产品质量难以保障。

　　本书依据产业组织理论，采用实证分析和规范分析相结合、定性分析和定量分析相结合的方法，从东北地区饲料加工业的产业环境分析入手，从SCP视角对东北地区饲料加工业的市场结构、市场行为和市场绩效进行定性和定量分析，并研究三者之间的关系，建立东北地区饲料加工业竞争力的评价指标并进行评价，同时对影响东北地区饲料加工业发展的内在和外在因素进行研究，为东北地区饲料加工业的发展提供依据及其政策建议，也为其他地区饲料加工业的发展提供借鉴。

通过分析得出了如下结论：

第一，经济快速发展、人口持续增长的同时，未来食品的消费尤其是肉类食品消费还会继续增加，这必然导致粮食和畜产品的消费量增加，从而作为中间产品的饲料的需求将持续上升。东北地区饲料粮的生产结构与消费需求结构不一致，饲料的供给存在相对不足，供给和需要矛盾还会持续。

第二，从东北地区饲料加工业的市场结构角度分析，饲料加工业内的小企业数量过多，为集中度偏低、原子型的市场结构，这种结构使东北地区的饲料企业表现为少数大型企业与众多中小型企业并存的"过度分散"和"两级分化"的市场结构状态。饲料加工业的结构性壁垒、成本壁垒和政策性壁垒偏低。

第三，在东北地区饲料加工业分散的市场结构条件下，任何一家饲料企业都无力控制饲料市场的价格，只能是价格接受者。但具有一定规模的地方性企业还是有能力采取限制性定价等方式，参与市场竞争，并在竞争中获胜。这也是饲料加工业区域性市场特征在定价行为上的具体体现。非价格策略主要包括营销策略、产品差异化策略、技术创新及并购重组等。在东北地区，个别企业以低质量低价格的过度营销导致一定程度的市场无序，影响了市场绩效。

第四，从市场绩效角度分析，东北地区饲料加工业的相关技术有了一定程度的发展，技术进步的指数在全国居于中游，并且保持了持续上升的势头。由于技术进步的因素影响，使东北地区的全要素生产率处于全国中游的水平，但是纯技术效率指数、规模效率指数、综合技术效率指数较低。

第五，在全国饲料加工业产品同质化和技术创新不足的背景下，比较全国饲料加工业区域竞争力的得分情况，可分为三个等级：东北地区属于第三等级，综合竞争力的评价结果较低。

第六,从产品结构因素看,饲料加工企业间竞争激烈、存在潜在进入者的威胁、饲料加工业的上下游产业的发展直接影响饲料供给;从饲料加工业政策因素看,东北地区饲料加工业缺少优惠和扶植政策、饲料加工业的检测及监管体系不够健全、饲料企业对现有的政策内容认知和政策效用认知不够;从饲料企业自身因素以及产品自身等因素看,饲料加工业的生产和产品结构不够合理、饲料企业运行成本高、企业管理制度和理念有待提升,以及食品安全及公共卫生事件构成阻碍东北地区饲料加工业快速健康发展的主要因素。

本书的创新点主要体现在:

(1) 研究视角创新。尝试在SCP框架下对东北地区饲料加工业及其上下游产业部门进行结构—行为—绩效的实证研究,得出"过度分散"和"两级分化"的市场结构、无序的市场价格竞争行为导致东北地区饲料加工业竞争力低下的结论。

(2) 研究范围创新。本书将东北三省看作一个整体,从中观角度使用计量经济模型对饲料加工业的市场结构和市场绩效进行研究。目前,学术领域内对饲料加工业的研究主要集中在饲料生产技术方面以及饲料生产管理和饲料营销方面,这些研究都是建立在企业的微观层面上,从产业层面研究饲料加工业问题,一般也是局限于某一个省市,鲜有学者从产业特征相似的地区产业范围来研究饲料加工业发展问题。本书从产品结构、企业运行、政策因素等方面分析了东北地区饲料加工业发展影响因素,为东北地区饲料加工业发展对策的制定提供了依据。

目 录

第一章 引言 ·· 1

    第一节 研究背景和意义 ·· 1

    第二节 相关理论 ·· 6

    第三节 国内外研究状况 ·· 10

    第四节 研究目标和内容 ·· 20

    第五节 研究方法和技术路线 ·· 22

    第六节 研究的创新点和不足 ·· 25

第二章 东北地区饲料加工业环境分析 ·· 27

    第一节 东北地区饲料加工业发展现状 ···································· 28

    第二节 东北地区饲料加工业环境分析 ···································· 32

    本章小结 ·· 55

第三章 东北地区饲料产业需求与供给分析 ···································· 56

    第一节 东北地区饲料产业需求调查分析 ·································· 57

第二节　东北地区饲料产业供给调查分析 …………………… 64

第四章　东北地区饲料加工业市场结构分析 ……………………… 73

第一节　东北地区饲料加工业的市场集中度 …………………… 74

第二节　东北地区饲料产品差别化 ……………………………… 79

第三节　东北地区饲料加工业进入壁垒 ………………………… 84

第四节　东北地区饲料加工业市场结构特征 …………………… 87

本章小结 ……………………………………………………………… 91

第五章　东北地区饲料加工业市场行为分析 ……………………… 93

第一节　东北地区饲料市场特征 ………………………………… 94

第二节　东北地区饲料加工业的市场行为分析 ………………… 96

本章小结 ……………………………………………………………… 101

第六章　东北地区饲料加工业的市场绩效分析 …………………… 103

第一节　市场绩效的含义与综合指标 …………………………… 104

第二节　东北地区饲料加工业市场绩效评价 …………………… 105

本章小结 ……………………………………………………………… 108

第七章　东北地区饲料加工业竞争力分析 ………………………… 110

第一节　饲料加工业的国内外竞争格局分析 …………………… 110

第二节　饲料加工业竞争力的评价方法 ………………………… 117

第三节　东北地区饲料加工业竞争力评价分析 ………………… 123

本章小结 ……………………………………………………………… 128

第八章　东北地区饲料加工业发展影响因素分析 ······ 130

第一节　东北地区饲料加工业结构因素分析 ······ 131
第二节　饲料加工业政策因素分析 ······ 133
第三节　饲料企业自身因素以及产品自身因素分析 ······ 135
本章小结 ······ 139

第九章　研究结论与对策建议 ······ 140

第一节　研究结论 ······ 140
第二节　东北地区饲料加工业发展对策建议 ······ 144
第三节　研究展望 ······ 151

参考文献 ······ 153

第一章 引 言

第一节 研究背景和意义

一、研究背景

中国饲料加工业从20世纪80年代初开始起步，经过30多年的发展，经历了从无到有、从弱小到有一定竞争力的不同阶段，目前已经成为国民经济中不可替代的基础产业，具有举足轻重地位。经过短短的30多年的发展历程，中国饲料加工业发展迅速，功能齐全、结构合理的产业体系已经逐步形成，涵盖饲料加工、饲料原料、饲料机械、饲料添加剂等产业部门，目前已经进入稳定增长的态势。目前，东北地区的饲料加工业已经形成一定规模，市场竞争力也在增强，已经成为国民经济中的重要产业部门，完整的产业体系基本形成。除了能够为饲料加工、原料生产、添加剂补充、饲料机械提供保障之外，围绕以上产业部门并为其服务的饲料科研、教学以及行业服务的设施在内的产业部门都在有序地运行。

据统计数据显示，从 1980 年到 2007 年，我国饲料加工业的总产量从 110 万吨增加到了 1.23 亿吨，年递增率为 19.1%。2008 年，我国饲料总产量达到 1.37 亿吨，同比增长 10.6%，饲料总产量位居世界第二。2009 年，商品饲料总产量 1.4 亿吨，同比上升 2.19%。2010 年，商品饲料总产量达到 1.62 亿吨，同比上升 15.7%。2011 年全国饲料总产量达 1.75 亿吨，产量超过了美国，总产量和企业数量位居全球第一，占全球饲料总产量的 20%（其中，美国的饲料产量为 1.69 亿吨，饲料企业数量为 5236 家）。2012 年，全国饲料工业总产量达到 1.91 亿吨，同比增长 9.14%。2013 年，全国饲料工业总产量 1.89 亿吨，共有 9500 家饲料企业，产量和 2012 年相比略有减少，但总产量和企业数量蝉联全球第一。从具体的饲料品质方面看，配合饲料增长最多，产量达到了 16170 万吨，同比增长了 8.4%；浓缩饲料位居第二，产量达到 2350 万吨，同比下降了 7.6%；添加剂预混合饲料位居第三，产量为 620 万吨，同比增长了 2.5%。进入 2014 年，全国饲料总产量继续上升，达到了 1.97 亿吨，同比增长了 2%。从具体品种方面看，配合饲料产量保持持续增长势头，浓缩饲料产量下滑，添加剂预混合饲料产量与 2013 年持平，饲料产品结构进入了一个深度调整时期。从全国饲料加工业企业数量来看，截至 2015 年 3 月，全国饲料生产企业总共有 5987 家，和 2013 年底相比较，下降了 1/3 左右。

农业部于 2011 年发布了《饲料工业"十二五"发展规划》，在规划中明确提出了饲料工业"十二五"发展的总体目标。通过五年的努力，"十二五"的总体目标基本实现，中国的饲料加工业已经跻身于世界饲料生产大国的行列。具体而言，到 2015 年末，中国饲料总产量已经超过了 2 亿吨，按照通常的计算标准 3000 元每吨进行计算，中国饲料加工业的总产值已经超过了 6000 亿元，以猪肉和禽肉为代表的肉制品的需求量以每年 2% 的速度在增长，其中，由于生猪养殖规模化程度大幅度提高，生猪存栏率和出栏率大幅提高，猪饲料的需求量增长速度加快，远远大于其他畜禽饲料需求量的增长速度。近些年来，随着城市居民和农村收入水平的提高,肉蛋奶的消费需求迅速增长,使饲料整体需求的增长不断增加,尤其是蛋氨酸和赖氨酸需求量的增加。随着2016年的到来,饲料加工业在"十三五"规划中也进入了第一年,具体目标开始逐步实施。饲料加工业在"十三五"规划中列明了具体目标:总产量要达到2.2亿吨,其中包括配合饲料2亿吨;饲料总体合格率达到96%以上;年产量100万吨的企业集团要达到40家,产量占比60%;添加剂产值比2015年增长50%;管理目标是制度完善、监管有力。同时,"十三五"规划增加了生态目标,该目标对氮磷排放量和加工能耗进行了规定,要求每吨饲料相对应的氮磷排放量要减少5%,同时,生产1吨颗粒饲料的加工能耗要降低10%。从以上目标可以看出,中国饲料加工业在继续追求产量和效益的基础上,饲料质量安全将是"十三五"时期政府和企业的工作重点,为了完成这一目标,制度完善和监管有力是最有效的保障。而且,加强饲料企业的行业集中度,形成规模经济效应,将是饲料企业发展的主要方向,企业的重组将是一项重要的任务。在添加剂和生态两方面,添加剂和非常规原料的合理使用、合理配方配比要求饲料企业加大研发力度,达到营养和环保的双重目标。

从具体的省份看,辽宁的情况最好。2011年,辽宁饲料工业总产量为1216万吨,总产值为354亿元,饲料生产企业1217家,产能在10万吨以上的饲料企业共有235家;2013年辽宁省配合饲料产量1025万吨,同比增长7.16%,混合饲料355万吨,同比下降3.07%;2014年辽宁省配合饲料产量为964万吨,同比下降10.03%,混合饲料产量683万吨,同比增长5.98%。产业集群初步形成,以沈阳、大连、鞍山为主的辽南饲料加工业集群和以锦州、铁岭、朝阳为主的辽西北饲料加工业集群成为产业集群中的主力军。一批在全国有一定影响力和竞争力的大型饲料企业集团涌现,其他省份的大型企业集团也纷纷来辽宁投资设厂,如全国30强饲料企业中的江西双胞胎、山东中慧等。辽宁饲料加工业已经成为全国重要饲料生产基地之一。

从吉林的情况看，2012年，吉林饲料工业总产量为482万吨，总产值为79亿元；2013年，吉林配合饲料产量289万吨，同比下降0.19%，混合饲料产量为326万吨，同比下降2.05%；2014年，吉林配合饲料产量330万吨，同比增长11.11%，混合饲料产量377万吨，同比增长4.68%。更多的饲料企业开始重视质量管理体系的认证，已经有一批优秀的饲料企业通过了各类质量管理体系认证，以ISO系列国际质量管理体系认证和HACCP认证为代表，截至2014年，通过ISO 9001国际质量管理体系认证的企业有50余家，还有30余家企业通过了HACCP认证，各类饲料企业管理的水平不断提高，管理的制度化、规范化程度不断加强。几年来，一大批土生土长的吉林本土饲料企业发展迅速，其中不乏跻身于全国优秀企业的典型例子。以长春大成实业集团为代表，目前，该企业的优势产品是赖氨酸，该产品的年生产量已经达到40万吨，占世界总产量的57.1%，位居世界第一位。以吉林德大有限公司和吉林正大有限公司为代表的中外合资企业在吉林也发展迅速，这两家企业都已进入全国饲料行业的先进行列。目前，吉林饲料行业的从业人员不断增加，已经达到3万余人，并且有吉林省农科院和吉林农业大学等科研机构及大学作为支撑，具有较高科技水平和科研能力的专业技术队伍也已经形成，吉林的饲料加工业得以较好地发展。

从黑龙江的情况看，饲料产量近年来一直稳定增长。2012年，全省饲料的总产量705万吨，同比增长3.2%，实现饲料工业产值205亿元，同比增长7.9%；2013年，黑龙江配合饲料产量131万吨，同比增长0.64%，混合饲料产量132万吨，同比增长5.56%；2014年，黑龙江配合饲料产量147万吨，同比增长0.62%，混合饲料产量112万吨，同比下降15.87%。从结构上看，企业总体呈现出大型企业产量增长、中型企业产量平稳、小型企业产量下降的态势。禾丰、大北农、正大等大型企业高峰时月产销量可以达到1万~1.5万吨；远大、肇东希望、华隆、杜蒙伊利、联丰等企业月销量也平均保持在5000吨以上。饲料企业改造升级，单厂新增产能6万吨以上的企业有所增加。饲料企业规模化、

第一章 引言

标准化生产水平有了大幅提升。

从总体情况看，东北地区饲料加工业在总产量和企业数量等方面有了一定的优势，也有一些大型企业集团在国内市场上占有了一席之地，甚至在同业竞争中发挥着领跑者的作用。但东北地区的饲料总产量是由数量众多的小企业和少量的大企业的产量汇总得到的。数量众多的小企业的特点是作坊式生产、零散经营、品种单一、质量不高。各个厂家基本以单打独斗为主，在管理制度、组织规模、科技水平、人力资源配置、产品研发等方面与国内知名的大企业均存在较大差距。1000多家小企业的产能抵不上一个山东六和集团的产能。并且，由于饲料行业准入门槛低，大量条件不足的新生饲料企业也纷纷进入市场。这些企业在产品开发上完全模仿知名企业的产品，盲目跟进，没有任何创新，同质化现象严重，并且产品质量难以保障，对养殖户造成损害，对社会资源也造成浪费。

由于地缘原因，东北地区三个省份的饲料企业既有各自的优势，又有相似的市场结构和市场行为，尤其是上下游的种植行业和养殖业往往关联在一起，密不可分。因此，本书将三个省份看作一个整体，按照区域的角度研究饲料加工业的市场结构、市场行为、市场绩效，研究东北地区饲料加工业的集中度以及市场竞争能力，分析目前饲料加工业的发展状况，从而促进东北地区饲料加工业的发展，赶超发达地区，实现东北地区畜牧业的现代化发展目标。

二、研究意义

从研究领域看，目前理论界关于饲料加工业的研究不少，但研究的角度要么是从饲料行业入手，要么是以全国范畴或者单个省份作为研究对象的，没有以行政区划作为研究对象研究区域饲料加工业发展的。本书以行政区划的东北三省为研究范围，相对于全国和单个省份而言更中观，既不空泛，又不局限于相对狭小的研究空间，以此来拓展饲料的研究领域。另外，本书从传统的产业组织理论角度来研究饲料加工业的市场结构、市场行为和市场绩效，属于相对完整、系统的理论研究，也是对饲料加工业研究的实证分析。

从实践角度看，饲料加工业的发展关系着种植业和养殖业，对粮食生产和农业的可持续发展起着重大的作用，也是发展养殖业、实现畜牧业快速发展的重要手段，饲料加工业作为中游的产业部门与国民经济和人民生活水平联系紧密，关系着国计民生。东北三省为农业大省，是全国重要的商品粮基地，发展饲料加工业能够改善农村产业结构，加快农业结构调整的步伐。作为中间产业，饲料加工业的发展能够增加农产品附加值，对农民增收、促进就业等方面发挥重要作用，对农村经济发展具有重大促进作用，有显著的经济效益和社会效益。

本书将系统分析东北地区饲料加工业发展的供需情况，研究饲料加工业组织的市场结构、市场行为和市场绩效，对东北地区饲料加工业竞争力和产业政策进行分析，并提出切实可行、针对性强的对策。本书的研究对促进东北地区饲料加工业发展，加快东北三省畜牧业发展的步伐，实现国家关于东北老工业基地的战略目标都具有重要的理论和实践指导意义。

第二节 相关理论

一、概念界定

（一）关于东北地区的界定

东北地区通常简称东北三省，是中国的一个行政大区，按经济梯度划分也属于第二阶梯的经济大区。旧时包括辽宁、吉林、黑龙江，以及现在的内蒙古东四盟市，即呼伦贝尔市、兴安盟、赤峰、通辽。现在主要指按地理分布划分的七大行政区域（华东、华北、华南、华中、东北、西南、西北）之一，包括辽宁、吉林、黑龙江三省。本书所研究的东北地区，为吉林、辽宁和黑龙江三个省份。

（二）关于饲料加工业的界定

饲料是指被饲养的动物的食物总称，一般指农业或牧业饲养的动物的食物，是在合理饲喂条件下能对饲养的动物提供营养物质、改善动物产品品质、调整生理机能的有益物质。饲料按照主要营养元素分类，可分为配合饲料、浓缩饲料、预混合饲料和精料混合饲料；按照成分分类，可分为植物性饲料、动物性饲料、矿物质和人工合成饲料；按照形态分类，可分为粉状、颗粒、膨化、碎粒及块状饲料。

饲料具有以下主要技术特性：第一，时效性。饲料和食品一样具有保质期，要保障饲料的质量安全性，在生产和流通过程中要防止霉变、避免污染。第二，周期性。饲料的品质只有经过一定的饲喂周期才能够得以检验。第三，趋同性。同种饲料产品容易被模仿，非常容易产生同质化。饲料加工业是一个新兴产业，它是在农业化和工业化水平发展到一定阶段后逐步发展起来的跨学科、跨行业、跨部门的产业。饲料加工业的原料为饲料粮、植物、维生素和矿物质，用专用的加工机械设备进行加工，按照一定的比例进行原料配比，所有相关企业所组成的企业群和市场关系称为饲料加工业。

《中国饲料加工业发展报告》一书中对饲料加工业的范围作出了明确的界定，在这个界定中，饲料产业包括饲料加工业、饲料添加剂工业、饲料原料工业、饲料加工机械业四个方面，我们平时一般讨论的饲料工业主要是指饲料加工业。本书研究的主要对象仍然是饲料加工业。

二、相关理论

（一）关于 SCP 范式

SCP 范式即市场结构—市场行为—市场绩效（Structure – Conduct – Performance），是美国哈佛大学经济学家梅森、贝恩、谢勒等于20世纪30年代建立起的模型，这是一个有系统逻辑体系的产业分析框架。

市场结构包含供给和需求等各方面要素的关系，它表现出这些要素之间的内在联系和特征。这些关系主要是指供给者与供给者之间、需求者与需求者之间、供给者与需求者之间以及在位的供给者、需求者与正在进入或者潜在进入该市场的供给者、需求者之间的较为复杂的关系。市场结构不是孤立存在的，与之相关的要素是市场行为和市场绩效。市场行为是纽带，它将市场结构和市场绩效有机地联系起来。市场行为是指企业在市场上为了实现利润最大化、提高市场占有率等具体的企业目标而采取的行为，适应市场要求的行为能够实现企业的目标。而市场绩效是一个综合性的概念，既包括市场本身的内部效率，又包括社会资源配置效率，是企业在价格、产量、利润等方面取得的最终的经济成果。市场绩效是企业在其市场结构下通过有效的市场行为而获得的。

由于三个要素之间存在内在的联系，从产业组织的角度研究三个要素有现实的指导意义，因此SCP范式成为产业组织学的正统理论，在各方面得到广泛应用。该理论的逻辑关系突出了市场结构的作用，认为市场结构决定市场行为和市场绩效。

（二）产业竞争力理论

产业竞争力是指在一个国家或者一个地区的范围内，某个产业与其他国家或者地区的相同产业相比所表现出来的竞争能力。这种竞争能力表现在不同方面，如生产效率、获利能力以及市场的认可度等。产业竞争力从两个方面进行比较：一是比较内容，二是比较范围。比较内容是产业竞争优势，最终体现在生产力和市场实现能力上；比较范围是国家或地区，体现在产业集聚、区位转移等方面。该理论是著名学者哈佛商学院迈克尔·波特教授提出的，该理论也被称为国家竞争优势理论。1990年，迈克尔·波特教授出版了《国家竞争优势》，这部著作在竞争战略和国际竞争力领域具有一定的权威性。这部著作阐述了全球竞争的基本原则：衡量一个国家竞争力的标准不再是国家整体是否有竞争力，而是这个国家的某个产业是否有竞争力。在此基础上，波特提出了阐释国家竞争优势的"钻石理论"。

在产业竞争力的理论研究过程中，有学者将计量经济学分析方法引入该理论研究中，由此衍生出一个新的理论即产业竞争力的计量分析理论。该理论通过构建能够评价产业竞争力的指标体系来进行比较分析。指标体系的设计要客观、准确，能够真实地反映产业竞争力，要有效地利用现有的统计数据，同时指标数要合理：不能太少，太少不能综合反映评价对象的特征；也不能太多，太多会加大评价指标之间的互补性，掩盖了评价指标之间的差异性，使计算结果失真。

（三）产业发展理论

产业发展理论是产业经济学的重要理论，主要研究产业发展进程中的各种问题，包括产业发展的规律、周期以及政策等。其中，对产业发展规律和周期的研究是产业政策制定的基础，决策部门一般是根据不同阶段的发展规律和周期采取不同的产业政策，这有利于企业根据这些规律采取相应的发展战略。在产业发展理论中，产业发展政策是主要的内容。

产业发展政策有广义和狭义之分，广义的产业发展政策指规范相关产业经济发展的法律法规和各种措施，狭义的产业发展政策指各种指向产业的特定政策，即政府有关产业的一切政策的总和。产业发展政策是为一定时期的产业发展目标服务的，但产业发展目标的维度非常多，不仅仅是经济目标，还包括社会目标。产业发展目标的制定往往是在综合考虑多个目标的基础上，权衡利弊之后确定的，是一个综合性目标，产业发展政策与产业结构政策和产业组织政策共同使用，形成一个复杂的体系。由于体系的复杂性和目标的多样性，政府对产业发展的调控变得困难，仅靠一两种政策难以达到预期效果，往往需要多管齐下，财政政策、货币政策、税收政策等经济的或者社会的以及其他的政策措施一起发挥作用，才有可能达到预期的产业目标。

第三节 国内外研究状况

一、国内关于饲料加工业研究状况

（一）关于饲料市场供需关系的研究

程国强（1997）对我国粮食生产特别是饲料粮的生产进行了估计，指出随着我国国民经济的发展和居民生活水平的提高，畜产品的消费将快速增长，我国食品的消费结构将发生重大变化和调整。

王征南（2005）对饲料市场供需状况与发展进行了预测，重点分析了我国饲料市场的供求平衡关系，并对我国饲料市场的未来需求情况进行了趋势分析和预测。王谊鹃、朱信凯（2005）对影响我国饲料市场需求的主要原因进行了深入分析，指出对饲料需求的分析就是对饲料粮的需求预测，利用二次指数平滑方法对我国饲料粮的未来需求进行预测。

曾德勇（2006）指出，饲料原料价格的上涨使大多数饲料企业受到影响。畜产品价格的上涨使畜产品的消费需求受到影响，但是全球饲料的总供给量仍实现了增长。

曾德勇、侯小锋（2007）指出，经济全球化的发展使人们的收入水平进一步提高，随着生活质量的提高，畜产品的需求量还将进一步攀升，相对于供给量而言，尽管2007年饲料的原材料价格继续上升，全球动物的疫情频发，但2007年全球工业饲料总产量的涨幅仍然超过了3.5%。

杨在宾、刘丽、杜明宏（2008）对我国饲料的需求量及饲料原料供给状况分析后得出结论：我国饲料工业的前景广阔，但饲料原料供给严重不足，现有的饲料粮原料只能满足实际需求量的30%左右，饲料供给量和需求量不平衡，养殖户更多地依靠传统饲养方式。应当积极开发新型饲料尤其是非粮型饲料，对现有的饲料资源进行合理开发和利用，节约现有饲料资源，实现工业化生产，促进我国饲料加工业的快速发展。

罗如学、杨艳、蔡鸿发等（2009）对饲料行业中的生产者、养殖户、竞争者进行了深入分析，指出我国饲料业已经进入转型期，饲料市场的竞争非常激烈，同质化极为严重，饲料加工业已经从成长期向成熟期过渡。

杨光、肖海峰（2010）对辽宁、河北两省的生猪养殖户饲料使用情况进行调研，根据调研数据对生猪养殖户的饲料需求情况进行分析，从养殖户饲料需求的总体情况、养殖规模等方面分析饲料的需求情况，得出辽宁、河北两省的生猪养殖户的饲料粮使用比例高、工业饲料使用比重不高的结论。

朱增勇、母锁淼（2012）指出，在全球肉类消费结构中，禽肉的消费比重和猪肉、牛肉消费比重相比，呈现上升趋势。中国禽肉和牛肉消费量和世界其他国家相比仍然偏低，牛肉人均年消费量不足世界平均水平的一半。

张沛琪（2013）对江苏城乡居民的食物消费结构、规律、数量进行研究，分析了影响粮食消费的基本要素，用模型分析了粮食生产和消费之间的密切关系，指出江苏居民的膳食结构存在的问题，提出了引导粮食消费、保证粮食安全的对策。

（二）关于市场结构和集中度的相关实证研究文献

王征南（2003）指出，饲料加工业是一个中间纽带，它的上游连接着种植业，下游连接着养殖业、农畜产品加工业以及销售业。作为一个核心产业能够带动上下游各个产业的发展，可以将饲料加工业作为龙头产业，带动相关产业发展，形成产业化经营，并延长产业链，提高农产品附加值，促进农业结构的快速调整。

张琳（2004）运用经济学原理论述了饲料产品的需求函数和需求曲线、消费者剩余和边际收益，饲料产品的需求弹性，饲料市场的竞争结构与竞争环境，提出了增强饲料加工业竞争力、调整饲料加工业结构的具体对策。

胡浩、刘丽（2006）通过对中国饲料加工业的 SCP 范式，即市场结构、市场行为和市场绩效的分析，指出其市场集中度不高、小企业众多、市场竞争激烈、市场结构不合理、市场绩效较低等问题，并提出了提高市场集中度、增强竞争力、进行产业结构调整的对策。

李瑾、秦富（2007）运用产业组织理论对畜牧业产业结构的相关影响因素进行了分析，得出了自然条件（主要是资源环境）、社会环境以及技术进步是影响产业结构的三大因素，其中自然条件是产业结构调整的基础，社会环境是产业结构调整的动因，技术进步是决定因素也是支撑条件。

尹义坤（2008）从实证角度对吉林的玉米产业结构的现状和存在的问题进行分析，得出玉米产业结构调整的依据、调整的策略以及应该选择饲养业作为主导产业的建议。

李大兵（2009）重点研究了中国饲料加工企业，指出饲料加工业是处于种植业和养殖业的中间环节，是中国农业经济的重要组成部分，是发展种植业和养殖业的重要环节，饲料加工企业的成长关系着中国畜牧业的成长。

刘艳婷（2010）利用产业组织理论对我国市场结构进行了深入分析，指出低集中度的市场结构是我国饲料市场的主要特征，通过对低集中度市场结构的表现及形成原因进行分析，提出优化市场结构的具体措施。

李大兵、翟印礼（2010）通过多元统计方法对东北地区饲料加工企业成长模式的构成维度进行了分析。分析分为两个维度，从成长方向上看，采取横向成长方式的饲料加工企业的业绩要好于纵向成长的饲料加工企业，而采取横向成长方式的饲料加工企业与多元化成长的饲料加工企业的绩效水平基本相同；从成长方式上看，内部成长方式的饲料加工企业的绩效与外部成长方式基本相同。

彭超（2011）分析了河北饲料加工业的横纵向结构、饲料企业以及产品的内在因素、外部因素，指出企业规模小、企业间的竞争激烈、饲料产品科技含量低、养殖业标准化与规模化程度低、管理制度滞后等因素制约了河北饲料企业发展。

周海川（2013）使用相对市场集中度（CR）指数和赫芬达尔—赫希曼（HHI）指数，运用2012年的统计数据对饲料加工业的市场集中度指标进行了测算，得出我国饲料加工业的市场集中度低但呈现上升态势的结论。利用时间序列数据模型，分析了影响我国饲料加工业市场集中度的因素，这些因素包括期初集中度、市场规模、外资进入、规模经济等。通过分析发现市场集中度指标与这些因素均呈现正相关，从而得出我国饲料加工业市场集中度逐步提高的结论。

刘训翰（2013）利用DEA方法，分析了中国饲料加工业市场集中度的变化，以及该变化对中国饲料企业的影响，得出了中国饲料加工业市场集中度总体呈现不断上升趋势的结论，并对饲料加工业市场集中度和饲料加工业市场绩效进行分析，得出二者之间的内在联系。

（三）关于饲料加工业发展状况的研究

朱行（2000）对21世纪世界饲料消耗量和饲料贸易量进行了估计，对饲料进口商和饲料出口商的情况进行了分析，指出主要进口商每年递增的进口饲料的比例，并对2002~2003年的饲料消耗量进行了预测。

刘玉龙（2006）运用数学和统计的方法对畜产品的市场价格风险及其规律进行分析。利用价格风险指标VAR_T结合时间因素来描述畜产品价格变化的风险，并对不同种类的畜产品的风险进行比较，根据比较的结果，分析了风险比较大的猪肉、鸡肉和鸡蛋的价格规律。针对鸡蛋和蛋鸡饲料价格时间序列建立了VAR模型，证实了畜产品价格和饲料价格之间的相关性。

李爱科、都淑红等（2007）指出，我国饲料资源开发有两个关键因素，一个是能量饲料，另一个是蛋白质饲料，这两种饲料价格和质量的变化是影响饲料和养殖行业发展的主要因素。近年来，饲料原料不断上涨使多数饲料生产尤其是小企业处于亏损的边缘，饲料价格升高不但影响了下游养殖业的经济效益，而且使饲料生产企业本身的利益受到很大损害。

王佳友（2009）运用"钻石模型"理论，对湖南饲料加工业发展的影响因素进行了分析，并对湖南省饲料加工业发展的相关数据进行了统计，提出从拓展国内市场需求空间、提升饲料加工业的竞争力、加强政府对饲料加工业的扶持力度方面，促进湖南饲料加工业更快更好地发展。

解沛、王征南、范润梅（2010）对中外饲料加工业的发展情况进行了总结，重点分析了饲料质量安全问题，指出饲料质量安全是关系到食品安全的头等大事，直接关系到消费者的健康，正因为如此，饲料质量安全得到了全世界范围的关注。

于家丰（2011）分析了辽宁饲料行业总体的发展形势，针对2011年辽宁饲料工业的发展进行了深入的调研，撰写了针对性较强的调查报告，指出了饲料工业发展的主要途径，认为规模化经营为产业规模化发展创造了客观条件，可有效抵御市场风险，是饲料质量安全的基石。

张秀青（2012）针对21世纪我国饲料加工业处于相对快速发展的阶段的状况，结合玉米价格走高、下游畜禽消费不旺以及饲料加工业发展积累的一些问题，对我国饲料加工业发展进行了重新研判，并提出相应对策。

伍文彬（2012）在对吉林的桦甸和农安县玉米生产进行调查的基础上，对吉林玉米产量的影响因素和产量数据进行实证分析，得出土壤因素是决定玉米产量的最主要因素的结论。同时，施肥量以及玉米种植密度也是影响玉米产量变化的主要原因。

田尊明、于建荣（2014）对生物饲料这种新型饲料与传统饲料进行了对比，列举了生物饲料的诸多优点。结合相关专利技术，分析了生物饲料技术的发展前景和国内外生物饲料加工业的发展态势。

（四）关于饲料加工业竞争策略的研究

张琳（2004）以经济学理论为基础，运用竞争力理论，阐述了我国饲料加工企业的竞争力状况，进一步分析了影响我国饲料加工企业竞争力的环境因素，设计了我国饲料企业竞争力的评价指标体系，并进行了竞争力评价。提出通过延长饲料企业的产业链、增强饲料企业研发能力、加强饲料产品的监督管理来提升饲料企业的竞争力的具体对策。

杨刚（2005）对我国饲料行业发展的历史和现状进行了梳理，运用SWOT分析法分析了当前我国饲料行业面临的机遇与威胁，从实证角度对铁骑力士集团饲料业务进行了战略分析，提出了相应的管理策略。

史利清（2006）指出，核心竞争力是饲料企业的生存之本，培育自身的核心竞争力是饲料企业长期保持市场竞争优势的关键，提出通过战略规划、管理创新、建设企业文化、掌握核心技术、实施品牌战略等手段培育饲料企业的核心竞争力。

张利庠、谭智心（2007）运用迈克尔·波特的两个竞争力理论，一个是产业竞争力理论，另一个是产业竞争力成因理论，构建评价中国饲料加工业区域竞争力的指标，利用构建的指标采用适当的分析方法对全国23个省市的饲料加工业的区域竞争力进行评价和打分，具体的分析方法为因子分析法。

马男（2009）根据黑龙江饲料产业链的发展现状，建立了饲料加工业竞争力评价指标体系，之后运用因子分析法对全国各省的饲料加工业竞争力进行评价和打分，找出黑龙江省饲料加工业竞争力与其他饲料强省之间的差距并寻找原因，之后提出具体的应对策略。

宁攸凉等（2011）运用产业国际竞争力理论及其分析方法对产业国内竞争力结果与原因的指标变量进行设计，运用统计指标测算中国2002～2009年30个省域饲料加工业的数据基础，运用面板数据模型对中国省域饲料加工业竞争力结果进行影响因素分析，得出企业规模与管理能力、创新能力、所有制结构、区位因素对产业竞争力结果具有显著影响的结论。

陈丽君（2013）对福建省饲料业进行了全面考察，分析了福建省饲料加工业发展的现状、影响因素，尤其是产业链的内外在环境和要素，运用经济学原理构建了饲料企业核心竞争力的评价指标体系，对福建省饲料企业竞争力进行了综合评价。

（五）关于饲料加工业政策的研究

杨振海（2006）对国外饲料法律体系进行了深入研究，对美国、欧盟、日本等国家的饲料法律体系进行了详细的介绍，总结出国外饲料法律体系主要有以下特点：饲料法律框架完整、饲料监管责任明确、监管重点突出、饲料法规更新速度快。

薛凤蕊等（2011）重点对美国饲料加工业的现状及特点进行了研究，分析了美国饲料加工业发达的原因，对比我国饲料加工业的发展现状，得出了对我国饲料加工业发展可资借鉴的启示：饲料企业的横向一体化能够增强饲料企业的竞争力，纵向一体化能够分散饲料企业风险，科技投入与技术创新是饲料加工业发展的先决条件；饲料安全是饲料加工业有序发展的保障。

田波、王雅鹏（2014）以猪配合饲料的相关数据为基础，运用协整检验等计量经济学模型和方法对全国多个省份的饲料市场整合程度进行了实证分析，得出如下结论：我国饲料毗邻省区饲料市场都存在长期市场整合关系，饲料企业不断发展壮大，逐渐形成了较为完善的产业链，运行效率良好。同时提出了加强基础设施和信息化建设、重视政策扶持、改善外部环境等政策建议。

二、国外关于饲料加工业研究状况

（一）关于产业组织的研究

20世纪30~50年代，以哈佛大学教授梅森和贝恩为代表的哈佛学派理论形成，也被称为西方现代产业组织理论。这个理论以新古典经济理论为基础，包含三个因素：市场结构、市场行为和市场绩效。三者之间形成一定的逻辑顺序关系，被称为产业组织理论框架，简称SCP框架。SCP范式的基本理论逻辑为：市场结构决定市场行为，市场结构通过市场行为影响市场绩效，而市场绩效又反过来影响市场结构和市场行为。

20世纪70年代以前，这种逻辑顺序关系一直是哈佛学派的核心，政府也一直以此为理论依据制定产业政策，以这种逻辑顺序关系制定的产业政策的侧重点为产业结构，对垄断坚决反对，对横向并购等可能导致垄断的市场结构和市场行为坚决予以制止。

20世纪70年代以后，SCP范式的单项分析方法的缺陷逐渐显露，该范式也成为经济理论界批评和讨论的热点。许多经济学家指出，SCP范式所描述的市场结构、市场行为和市场绩效之间的单项关系过于片面，实际情况远不只如此简单和明确，而是非常错综复杂的。该范式是建立在生产者和消费者为完全理性的假设基础上的，去除这些假设后，由于信息的不对称性，市场不能实现自动均衡，SCP范式的基本理论逻辑往往不能成立。

1989年泰勒尔（Jean Tirole）出版了《产业组织理论》一书，以此书为标志，将博弈论方法引入产业组织中，以泰勒尔为代表的经济学家采用博弈论和信息经济学的最新研究成果，使SCP单向静态的分析转变为双向动态分析，研究重点从市场结构转向市场行为和市场绩效，有关SCP之间的关系的研究也变得更为复杂。

（二）关于饲料市场供需关系的研究

马克思和马歇尔是最早同时从供给和需求角度出发来研究市场均衡问题的。马克思在《资本论》中揭示了需求规律和供给规律，描述了商品的需求、供给和价格之间的相互关系。马歇尔在《经济学原理》中，将约翰·穆勒和杰文等前人的成果进行了整理并扩展，提出了均衡是把供给和需求连接起来的主要因素，供给与需求是同等重要的，商品的价格是由供给和需求决定的。马歇尔综合李嘉图的成本价值论和边际效用价值论提出了著名的均衡价格理论"剪刀模型"。

著名经济学家保罗·萨缪尔森是凯恩斯经济学的代表人物，在其巨著《经济学》中，对供给和需求及均衡关系进行了详细的论述，认为在市场机制的作用下，价格起着平衡的作用，当市场上所有影响经济的力量平衡时，市场就达到了供求均衡。

对农产品市场供给和需求的研究的文献不多，将均衡原理用于对农业市场的系统研究见诸德国著名农业经济学家路德里希·普拉特的著作《农业市场政策基本原理》，他对德国农产品的供给与需求及其发展趋势进行了分析，利用均衡原理解释了价格是由供求关系决定的。

澳大利亚的波尔·克鲁普顿等（1994）利用 Swopsim 模型（静态的世界政策模拟模型）对中国的饲料粮市场进行了分析和预测，得出了畜产品的需求和饲料粮消费之间的关系。

联合国粮农组织（FAO）、国际食品政策研究所（IFPRI）利用 Impact 模型对饲料和畜产品供给需求进行了预测，出具了一份关于 2020 年的全球饲料和畜产品供给需求的预测报告，得出了谷物用作饲料的增长率要快于谷物产量的增长率的结论。

（三）关于饲料加工业发展状况的研究

从 20 世纪初开始，对于现实市场中生产和价格决定等问题，萨缪尔森和马歇尔的经济学理论依据难以解释，因为在发达资本主义国家，生产日趋集中，企业规模不断扩大，大量的垄断、寡头垄断的市场类型形成，卡特尔、托拉斯等垄断组织和形式也有了一些新的特点。以英国和美国为代表的经济学家围绕竞争和垄断，对产业组织理论进行了更为深入的研究，甚至引发了一场名为"马歇尔冲突"的理论论争。

美国经济学家张伯伦（Chamberlin）和英国新剑桥学派的琼·罗宾逊夫人（Robinson）在 1933 年分别出版了《垄断竞争理论》和《不完全竞争经济学》，几乎同时提出了垄断竞争理论，用来解释市场结构的变化，尤其是张伯伦提出了产品竞争的概念，用产品竞争来解释垄断竞争市场形成的原因，在理论上是一个重要的贡献。

美国经济学家詹姆斯（James E. Austin）在 1981 年发表文章，从原料供应、消费者边际倾向、市场竞争等方面对美国的农产品加工业的影响因素进行分析，从农产品加工数量、质量、加工成本等方面对农产品加工过程的影响因素进行了分析，从企业的技术、厂址、库存管理等方面对农产品加工过程影响因素进行分析，并且对农产品的需求进行了预测。

美国经济学家詹姆斯·多思（James Joyce）1990年通过对饲料粮的研究得出以下结论：适宜的制度是维护粮食市场正常运转的根本，良好的购销秩序、购销行为、稳定的饲料粮和饲料产品价格，能够促进畜牧业的发展。

蒂姆·伦德（Tim Lundeen）在2009年发表论文，介绍了关于商业饲料在北美的生产能力问题，同时指出，测算商业饲料生产能力的数据很难估计，现有方法测算的数据可能不能准确反映实际生产水平。

（四）关于饲料加工业竞争的研究

克拉克（Clark）在1940年发表了《有效竞争的概念》一文，正式提出了"有效竞争"的概念，指出有效竞争是将规模经济与竞争活力进行有机的结合，这种结合有利于形成一种有益的长期均衡格局，有效竞争理论是对产业组织理论的发展。但克拉克在理论上没能解决有效竞争的评估标准和实现条件问题。

美国密歇根大学商学院教授普拉哈拉德（C. K. Prahalad）和伦敦商学院教授加里·哈默尔（Gary Hamel）1990年出版合著《公司核心竞争力》一书。在该书中，"核心竞争力"的概念首次被提出，该书中核心竞争力被定义为：在一个组织中，知识和技能在组织内部经过整合后，形成了具有多样性的生产技能和不同技术的知识技能。

日本东京大学教授藤本隆宏的研究重点是企业竞争力，他提出了三层次竞争力理论，将企业竞争力分为三个层次，即静态的能力、有提高的能力、不断进化的能力。静态的能力是指企业按照目前的能力已经达到的竞争力水平；有提高的能力是指可以通过自身的努力提高的能力；不断进化的能力是指建立在前两者能力基础上的能够继续提高的能力。瑞士洛桑国际管理发展学院（IMD）将企业竞争力划分为五个方面的内容：生产效率、劳动成本、公司绩效、管理效率、公司的战略和文化。

关于国际竞争力的表述有很多种，美国总统竞争力委员会曾出具了一份《关于产业竞争力的报告》，报告中指出：国际竞争力的存在条件是一个良性发展的市场，在这个市场上，能够生产和提供好的产品和好的服务，并将这些产品和服务提供到国际市场上，增加其核心竞争力，提高人民的生活质量。"世界经济论坛"（WEF）和瑞士洛桑国际管理发展学院（IMD）对国际竞争力下的定义基本相同：在各国不同的环境中，企业能够以比他们的竞争者更有优势的价格和质量在世界市场上设计、生产、销售产品，提供服务，这种能力和机会就是国际竞争力。

综上所述，国外对饲料加工业研究的资料较少，尤其是近年来针对区域产业发展的资料更是少之又少。

涉及国内饲料加工业研究的资料相对丰富，但研究水平还处于不成熟阶段，相关研究多是单一和孤立的，系统性较差。国内有关饲料的研究主要集中在饲料企业管理、产品生产工艺、加工方法、营销手段、质量安全问题等方面。在对饲料市场的研究方面，主要从饲料企业的市场发展现状，以及饲料市场存在的问题等方面进行研究。在饲料企业管理方面，主要对饲料企业管理方式、市场竞争力等方面进行研究。在饲料企业产品生产方面，只是对饲料产品的生产工艺、加工方法等方面进行研究，至今没有人从相近区域角度系统完整地研究饲料加工业的发展问题。

第四节　研究目标和内容

一、研究目标

本书的研究目标是结合东北地区饲料加工业发展的现状和产业环境分析，运用SCP范式的基本理论对东北地区饲料加工业的市场结构、市场行为和市场绩效进行深入分析，进而分析东北地区饲料加工业竞争力。在此基础上，对东北地区饲料加工业发展的影响因素进行研究，为东北地区饲料企业生产组织模式的优化、生产效益的提高提供实证依据及政策建议。

二、研究内容

本书从东北地区饲料加工业的产业环境分析入手，运用 SCP 理论框架，对东北地区饲料加工业的发展进行了较全面的分析，与其他省份进行比较，发现东北地区饲料加工业发展过程中的一些问题，并进行原因分析，提出有关政策建议。本书的研究，一方面可弥补目前对饲料加工业研究的片面性，为政府引导饲料加工业健康持续发展，制定合理产业政策提供理论依据；另一方面为饲料企业制定发展战略、适应市场、增强竞争力提供依据。全书具体内容如下：

第一部分是引言部分，介绍了研究的背景和意义、文献综述、研究内容、研究目标、研究方案和研究的创新点。

第二部分为东北地区饲料加工业现状和产业环境分析，从经济、社会、上下游产业等几个角度进行分析。

第三部分包括第三~六章，为本书的核心部分。第三章对东北地区饲料产业需求与供给进行了分析。主要是利用 SCP 分析范式对东北地区的饲料加工业的市场结构、市场行为和市场绩效进行论述。其中第四章通过对集中率、集中系数和赫芬达尔指数等指标的分析，实证分析东北地区饲料加工业的市场集中度，从而对东北地区饲料加工业的市场结构类型作出判断，并且对市场结构的影响因素进行了较全面的分析。第五章则从价格行为和非价格行为等方面对饲料加工业的市场行为进行了细致分析。第六章为东北地区饲料加工业的市场绩效分析，主要采用数据包络法对市场绩效进行评价。

第四部分为东北地区饲料加工业竞争力分析。构建饲料加工业竞争力指标及竞争力模型，对东北地区饲料加工业竞争力进行评价分析。

第五部分为东北地区饲料加工业发展影响因素研究。对影响东北地区饲料加工业的政策因素进行分析,对国内外饲料加工业发展政策因素进行比较,得出东北地区饲料加工业发展政策。

第六部分是本书结论与对策。根据前文各部分分析的结果得出相关的结论,针对结论提出相应的对策。

第五节 研究方法和技术路线

一、研究方法

(一) 文献分析法

本书查阅了大量的国内外相关文献,之后对查阅的文献分门别类进行归类整理,仔细阅读思考,撰写文献综述,根据已有的文献进行演绎推理,梳理出本书的框架和基本观点。

(二) 理论研究和实证研究相结合的方法

在研究现有产业经济理论的基础上,结合数据资料运用计量经济模型和统计方法进行实证分析,与定性分析方法相结合,不仅达到相互补充的目的,也增强了研究成果的实用性和可信度。

(三) 统计分析法

1. 绝对集中度指标(CR_n)和赫芬达尔指数(HHI)

市场集中度是衡量产业结构的常用指标,主要用来衡量所研究的市场中关于企业规模和数量等指标的差异性。对于第四章中东北地区饲料加工业集中度分析主要采用绝对集中度和赫芬达尔指数分析法。分析数据来源于《中国饲料工业年鉴》

和相关饲料统计资料,数据区间为 2004~2013 年。在计算市场集中度时取在东北三省内产能排在前 10 位的饲料企业为样本,为了进行对比,本书采用绝对集中度和赫芬达尔指数(HHI)计算东北三省 2004~2013 年饲料加工业集中度。

2. 数据包络方法(DEA)

计算东北地区饲料加工业市场集中度指标后,需要再计算饲料加工业的市场绩效,对二者之间的内在联系进行对比。在计算市场绩效时,本书主要使用数据包络方法(Data Envelopment Analysis,DEA)对东北三省饲料加工业的市场绩效进行研究和测算。DEA 方法的提出者是美国运筹学家 Charnes 和 W. W. Cooper。它是一个线性规划模型,表示为产出对投入的比率,是评价相对效率的一种非参数方法,这种方法是一种数量分析方法,它利用线性规划的方法,设置多项投入指标和产出指标,找出具有可比性的同类型单位,利用这些单位进行相对有效性评价。因为每一个评价单位都是一个决策单元,这个决策单元具有相同类型,每个决策单元都拥有相同类型"投入"和"产出",然后将各决策单元投入、产出指标的权重设为变量,运用统计软件进行运算,算出可行区域的界限,在确定界限之后,再根据已经决定的决策单元与可行区域界限的距离状况进行进一步分析,最终确定各个决策单元的 DEA 是否是有效的。

3. 因子分析法

常用的产业竞争力的评价方法主要有两类:第一类是产业竞争力成因分析理论,主要包括波特的"钻石模型"和产业竞争力成因理论。该理论是用具体的指标体系来解释产业竞争力的成因。第二类是产业竞争力计量分析方法。它是运用现代计量经济学的分析方法,建立模型,对统计数据进行处理,引入产业竞争力理论研究,得出有效的结论,从而形成测量产业竞争力的计量分析理论。主要方法为因子分析法。本书第七章(东北地区饲料加工业竞争力分析)主要采用该种方法。

本书根据产业竞争力成因分析理论构建东北地区饲料加工业区域竞争力的四

个要素,该理论拥有四个显示性指标:竞争力实力、管理竞争力、市场竞争力、创新竞争力。本书将用多元统计中因子分析的方法来进行数据处理。因子分析是把多个变量进行整合,整合成数量很少的、能高度概括大量数据信息的潜在因子,整合的前提是尽量不损失或者少损失信息。结果,变量的数量减少了,但变量之间的内在联系仍然能够完整地体现出来。

二、研究技术路线

(一) 研究的技术路线图

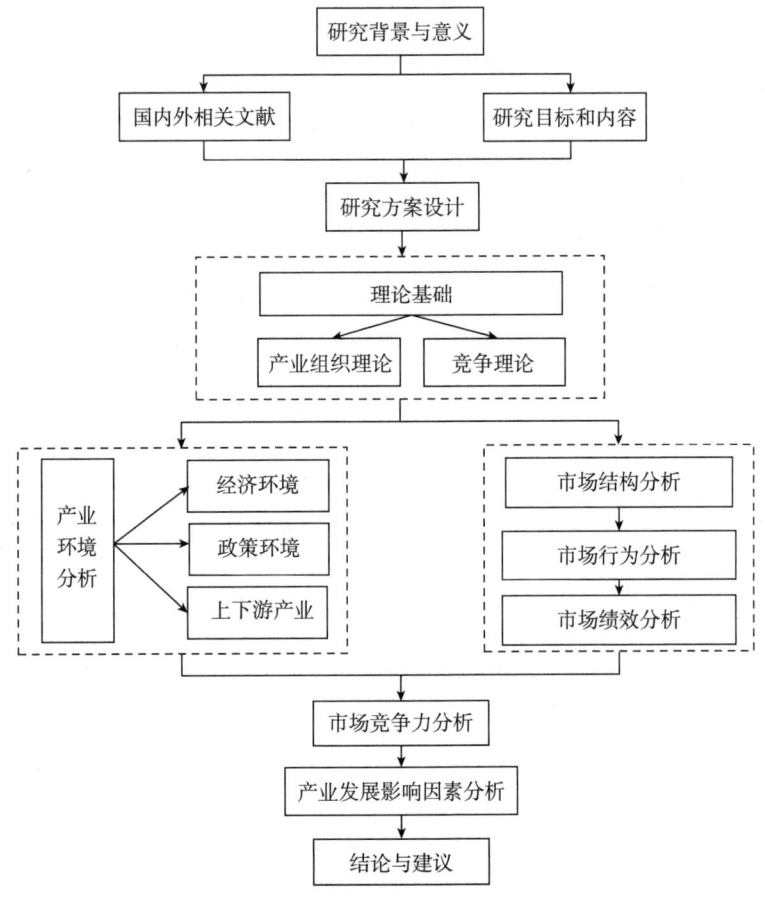

图1-1 研究的技术路线

(二) 研究的数据来源

根据本研究的需求,主要从以下几个方面获取相关研究数据:

(1)《中国统计年鉴》《中国农业统计年鉴》《中国统计摘要》《中国市场统计年鉴》《中国畜牧业统计年鉴》《全国饲料工业统计年鉴》《吉林统计年鉴》《辽宁统计年鉴》《黑龙江统计年鉴》、农业部信息中心、中国饲料工业信息网、中国饲料行业信息网、东北饲料信息网。

(2)为进行更深入的研究,也为解决统计资料中的数据缺失问题,编制相关研究对象的调查问卷,选择东北地区饲料加工业进行实地调查,采用典型调查和抽样调查相结合的形式。

(3)通过中国知网等相关网络以及公开出版发行的相关文献获取第二手数据和资料。

第六节 研究的创新点和不足

一、研究的创新点

(1)研究视角创新。尝试在 SCP 框架下对东北地区饲料加工业及其上下游产业部门进行结构—行为—绩效的实证研究,得出"过度分散"和"两级分化"的市场结构、无序的市场价格竞争行为导致东北地区饲料加工业竞争力低下的结论。

(2)研究范围创新。本书将东北三省看作一个整体,从中观角度使用计量经济模型对饲料加工业的市场结构和市场绩效进行研究。目前,学术领域内对饲料加工业的研究主要集中在饲料生产技术方面以及饲料生产管理和饲料营销方面，这些研究都建立在企业的微观层面上，从产业层面研究饲料加工业问题，一般也是局限于某一个省市，鲜有学者从产业特征相似的地区产业范围来研究饲料加工业发展问题。本书从产品结构、企业运行、政策因素等方面分析了东北地区饲料加工业发展影响因素，为东北地区饲料加工业发展对策的制定提供了依据。

二、研究不足

（一）研究的范围

饲料产业涉及的范围较广，本书的研究只涉及饲料加工业，除了作为同一产业链上联系比较紧密的上游产业饲料原料工业和下游产业养殖业与畜牧业有所涉及之外，饲料产业链上的饲料机械产业以及食品加工业没有涉及，关于这些产业的研究有待于后续的研究中深入和扩展。

（二）研究的时效性

饲料加工业在迅速发展的过程中，不断遇到新的问题、产生新的领域，在研究的过程中，笔者也发现了一些值得研究的新领域，但由于本书的研究重点和个人资源有限，研究没有进一步深入，如对于"互联网＋"等信息时代饲料加工业的发展形势和发展状况以及营销策略等问题没有涉及，在新时代下如何面对延伸的产业链和饲料混业经营的具体问题也没有涉及。这些问题需要在后续的研究中继续深入。

（三）数据的获取范围

有些数据不能通过各级统计部门取得，还有些年份的统计数据缺失，笔者只能针对典型样本进行问卷调查，或者根据相邻年份的数据对中间年份缺失的数据运用统计方法进行估算，虽然尽可能采取了代表性强的数据，但有一些涉及饲料企业的数据还是存在一定的偏差。

第二章 东北地区饲料加工业环境分析

在传统的经济学理论中,产业是指具有某类相同特征的企业集合。这里的相同特征指的是生产同类或有密切替代关系的产品、服务。产业的外延和内涵都很复杂,具体来说,相同产业的各企业的利益是相互关联的,尽管它们的经营模式不同、流通渠道不同、经营形态不同,但它们的经营对象和经营范围是围绕着共同产品而展开的,针对相同产品的企业在同一产业范围内形成一个有机的整体。研究一个产业发展的问题,首先要对该产业的环境进行分析。产业环境与一般的环境不同,是指对于处于相同产业内的企业都会产生关联和影响的一些外在和内在的因素。外在环境主要包括自然、经济、政策、政治等,内在环境主要指产业内企业的生产规模、竞争状况、市场情况、技术进步等要素。

饲料加工业是整个饲料产业链的中间产业,它的上游连接着种植业(供给方),因为饲料产品成本的70%~80%来源于粮食作物,尤其是玉米和豆粕。下游连接着养殖业(需求方),养殖业产值每增长1%,饲料加工业增长1.13%。种植业为饲料加工企业的供给方,决定着原料的供应量和供应价格,养殖业为饲料加工企业的需求方,决定着饲料加工业的发展,也会对饲料产品的质量和科技水平提出越来越高的要求。东北地区是全国的粮食主产区,也是饲料生产和消费的主要地区,饲料加工业的发展关系着上下游产业的发展。因此,有必要对东北地区饲料加工业环境进行系统研究，深入研究东北地区饲料加工业的经济、政策、市场环境和上下游产业的发展状况。

笔者通过实地调研、文献检索和数据收集等手段对东北地区饲料加工业的经济环境、政策环境、市场环境以及上下游产业的发展状况进行了研究。深入到东北三个省份的市（县）、乡村，深入了解当地粮食市场、饲料工业、畜牧养殖户的现状，分析东北地区目前的饲料加工企业的状况和产业环境，探索东北地区饲料加工业发展环境对产业发展的作用，进一步探究促进东北地区饲料加工业更加稳健发展的影响因素。

第一节 东北地区饲料加工业发展现状

一、东北地区饲料加工企业总数

从表2-1可以看出，2004~2014年东北地区饲料加工企业数量总体比较多并且呈上升趋势，2004年有2120家企业，2006年增加到2703家企业，2008年受经济危机影响，企业数目有所减少，但2009年之后3年又连续回升；2012年之后企业数目有所下降，截至2014年，企业数目为2521家。从总体趋势看，东北地区饲料加工业的企业数量有所增加。

表2-1 2004~2014年东北地区饲料加工企业数 单位：个

年份		2004	2005	2006	2007	2008	2009	2010	2011	2012	2013	2014
企业数	吉林	442	508	585	586	475	459	585	547	540	543	537
	辽宁	896	1031	1282	1106	973	1009	1244	1237	1212	1221	1204
	黑龙江	782	791	836	876	769	543	647	862	956	763	780
合计		2120	2330	2703	2568	2217	2011	2476	2646	2708	2527	2521

资料来源：根据《中国饲料工业年鉴》《中国畜牧业年鉴》及《中国饲料行业年鉴》计算得出。

从东北地区企业数目的变化可以看出：2007年之前企业数目增加得比较快，其中最主要原因在于，该阶段饲料加工业的发展主要依靠企业数量的扩张，单个企业的规模不大，并且企业分布较为分散；2008年受金融危机影响，养殖业进入低谷，竞争力不强的小企业纷纷倒闭，使企业的数量减少，2010年开始养殖业慢慢恢复，新企业进入，企业数量开始缓慢上升，2013年之后企业数目又开始减少，单个企业规模加大，产业集中度得到提高，企业开始通过提高技术水平来增加效益，饲料加工业的发展达到了一个新的高度，但饲料加工企业仍然是以中小企业为主，大企业数量不多。

二、东北地区饲料品种及产量情况

东北地区饲料的主要品种有配合饲料、浓缩饲料和添加剂预混合饲料。近些年来，东北地区饲料各品种产量均快速增长，销售收入也快速提高。这主要是由于居民收入增加了，人们对肉蛋奶的需求量逐渐增加，养殖业的规模增加，养殖业对饲料的需求随之增加，因此，东北地区出现了饲料各品种产量快速增长、销售收入迅速增加的局面（见表2-2）。

表2-2 2004~2014年东北地区各类饲料产量   单位：吨

年份	配合饲料	浓缩饲料	添加剂预混合饲料	总产量
2004	6180920	5803735	358770	12343425
2005	7378915	6864595	514237	14757747
2006	9209776	7296946	612423	17119145
2007	7526157	7504437	465815	15496409
2008	10413933	7913523	507762	18835218
2009	12019864	8361220	556325	20937409
2010	13196432	8302857	542285	22041574
2011	14684390	8350118	560170	23594678
2012	15246540	8438539	567432	24252511
2013	14456903	8346857	547957	23351717
2014	14685432	8238653	564321	23488406

资料来源：根据《中国饲料工业年鉴》、中国产业信息网、中国畜牧网计算所得。

从表 2-2 可以看出，东北地区饲料企业的配合饲料、浓缩饲料和添加剂预混合饲料等品种饲料的绝对量总体呈逐年增长趋势，其中 2006 年各类饲料产量较前有大幅增长，受到供求矛盾的影响，2007 年配合饲料和添加剂预混合饲料的产量大幅下降，但从 2008 年开始逐步上升，2012 年后稍有回落。三类饲料产量占总产量的比重在不同年份略有不同，变化不大。从总产量（按照三种主要饲料品种的产量计算）看，三省的饲料加工企业的总产量总体呈现上升趋势，个别年份总产量有所回落。

2014 年，东北地区饲料总产量为 2349 万吨，其中配合饲料 1469 万吨，浓缩饲料 824 万吨，添加剂预混合饲料 56 万吨。在各类饲料产量占总产量比重方面，2014 年配合饲料、浓缩饲料、添加剂预混合饲料分别占 62.5%、35.1%、2.4%，与 2013 年相比，配合饲料占总产量比重提高 0.6 个百分点，浓缩饲料下降 0.6 个百分点，添加剂预混合饲料基本持平。

据统计数据显示，自 2009 年以来，东北地区的配合饲料与添加剂预混合饲料需求量开始增加，养殖行业的规模化发展趋势开始显现。2011 年是东北地区饲料市场需求状况最好的一年。尤其是肉禽饲料需求旺盛，肉禽饲料企业实现了较好盈利，养殖业效益明显增长，饲料行业运行总体平稳。但猪饲料需求表现低迷，肉牛、肉羊饲料需求增长不明显。2012 年，饲料的需求开始缓慢增加。肉禽饲料需求延续了 2011 年的增长态势，但受供过于求因素的影响，肉禽饲料需求增长幅度小于上一年。肉牛、肉羊饲料需求增长与上一年基本持平。

三、东北地区饲料加工企业的总产值和营业收入

东北地区饲料加工业的总产值和营业收入在 2003~2013 年一直处于递增的趋势，具体情况如表 2-3 所示。

表2-3 2003~2013年东北地区饲料加工业总产值和营业收入 单位：万元

年份	工业总产值	营业收入
2003	2741878	2714115
2004	3089982	2888493
2005	3473038	3243960
2006	3630496	3610519
2007	3888011	3796247
2008	4418574	4272897
2009	5515529	5079125
2010	6095933	5611687
2011	7022058	6484101
2012	6924530	6606303
2013	7451528	6915586

资料来源：《中国饲料工业年鉴》。

2003年，东北地区饲料工业总产值和总营业收入分别为2741878万元和2714115万元，到2013年时工业总产值和总营业收入分别为7451528万元、6915586万元，与2012年相比，环比增长了7.61%和4.68%。

从饲料品种方面看，配合饲料和浓缩饲料的产值和营业收入水平较高，所占比例最大，添加剂预混合饲料的销售利润率和人均利润率要好于配合饲料和浓缩饲料。

四、东北地区饲料加工企业的人力资源情况

东北地区饲料加工企业人力资源学历层次偏低是普遍现实状况，多数中小型饲料企业缺少高层次的技术人才，人力资源配置不完善。大部分中小型饲料企业几乎没有专门从事技术研发的高层次人才。表2-4为东北地区及其他地区的饲料企业人力资源的对比情况。

表2-4 2014年各地区饲料企业人力资源对比情况

地区	饲料企业技术人员人数（人）	饲料企业博士人数（人）	饲料企业硕士人数（人）
华东	17530	564	2750
华南	6718	253	956
华中	9236	341	1239
华北	13217	320	1473
西北	3798	63	400
西南	8960	191	672
东北	9338	121	548

资料来源：根据2015年《中国饲料工业年鉴》和相关饲料统计资料进行数据查询和整理得到。

从表2-4可以看出，从企业技术人员的总量看，东北地区在全国排名为第三位，但是从博士、硕士学位的技术人员的比例情况看，博士学位技术人员占总数的1.30%，硕士学位技术人员占总数的5.87%。而技术人员总数排名第一位的华东地区博士占3.21%，硕士占15.69%，反映出东北地区企业高层次技术人才匮乏，企业员工学历层次不高，这和东北地区近些年的人才流失严重有直接关系。

第二节 东北地区饲料加工业环境分析

一、经济环境

（一）人口因素

人口因素对社会经济发展有重要作用，是社会经济发展的前提和必要条件。人口因素主要包括人口数量、人口密度、人口分布以及变化规律等因素。饲料加工业的上下游产业的发展受到人口因素的影响较大，从而也对饲料加工业产生较大的影响。尤其是下游的畜牧业的发展受城市人口的影响非常直接，因为人是最终的消费者，是畜牧产业的需求者，是市场发展的源泉。城市人口的多少影响着对畜产品的需求，人口越多，需求越多，越能刺激畜牧业的发展，从而饲料的需求量就越大。从表2-5可以看出，东北地区三个省份人口总数排名在前五位的城市，人口密度也是排在前几位的城市，这些城市是畜产品消费的主要市场。因而，在人口密度上拥有绝对优势的地区越适宜畜牧业的发展，人口较多，消费源越有保障。

表2-5 东北三省人口总数前五位城市统计

省份	城市	人口总数（万人）	人口密度（人/平方千米）	占地区总人口的比重（%）
吉林省	长春	767.7	355.46	27.96
	吉林	441.5	162.78	16.08
	四平	338.6	240.5	12.33
	松原	288.1	136.61	10.49
	通化	232.5	148.98	8.47
辽宁省	沈阳	739.4	539.33	16.9
	大连	580.1	428.31	13.26
	鞍山	354.1	377.34	8.09
	朝阳	330	171.26	7.54
	铁岭	317	234.46	7.25
黑龙江	哈尔滨	1063.6	181.09	27.76
	绥化	541.6	159.33	14.14
	齐齐哈尔	536.7	129.53	14.01
	大庆	290.4	120.48	7.58
	牡丹江	279.9	66.03	7.31

资料来源：第六次全国人口普查主要数据。

从以上的统计数据可以看出，在三个省份的城市人口总数排在前五位的15个城市中，人口数占地区总人口的比重最低为辽宁的铁岭，占总人口数的

7.25%，最高为吉林的长春，占总人口数的 27.96%。吉林、辽宁和黑龙江的总人口数分别为 2746.2 万人、4374.6 万人和 3831.2 万人，每个省排在人口总数前五位的城市人口总和分别占本省总人口数的 75.33%、53.04% 和 70.8%。

2014 年，东北地区城市居民人均畜产品消费量为 79.4 千克，总畜产品消费量为 452.18 万吨，占东北地区畜产品消费总量的比重为 52%。也就是说，30% 的城市居民消费了一半以上的畜产品。其中，奶类占比高达 80.3%，牛羊肉占比为 60.7%，禽肉占比为 59%，人口总数居于各省前五位的城市消费了平均 66.39% 的畜产品。可见，城市人口的多少对畜产品的消费量起到了决定性的作用。

（二）地区经济发展水平

地区经济发展水平也直接影响饲料加工业的发展。该影响是通过畜牧业进而影响整个饲料加工业。衡量地区经济的指标主要有该地区的 GDP、人均 GDP，这些指标客观反映了该地区的收入，当然收入水平的高低直接影响消费水平的高低。经济发展水平越高，人们越重视生活质量，对各部分产品的需求也越多。作为生活必需品的畜产品，自然在受影响的范围内。这将进一步影响畜牧业发展的布局。

2014 年，吉林地区生产总值（GDP）达到 13803.81 亿元；人均 GDP 为 8167.66 美元，高于全国平均水平。从各地级市来看，长春、吉林和松原 GDP 位居前三；从人均 GDP 来看，排名前三的城市为长春、辽源和吉林（辽源 2014 年 GDP 没有排在前五位，表 2-6 中没有列出），人均 GDP 分别为 11335.85 美元、10100.03 美元和 10066.79 美元。

2014 年，辽宁地区生产总值（GDP）为 28626.58 亿元，人均 GDP 为 10615.45 美元。从 GDP 来看，排名前三的是大连、沈阳和鞍山，分别为 7655.6 亿元、7589.0 亿元、2721.0 亿元。从人均 GDP 来看，排名前三的城市为大连、盘锦和沈阳，分别为 17950.05 美元、16143.37 美元和 14962.22 美元。

2014 年，黑龙江地区生产总值（GDP）为 15039.4 亿元，全省人均 GDP 为

6385.75美元,低于全国平均水平。从GDP来看,排名靠前的3个市是哈尔滨、大庆和绥化。从人均GDP来看,大庆人均GDP最高,达到22586.91美元。哈尔滨和牡丹江人均GDP分列第二位和第三位,分别为8146.79美元和6825.81美元。

从表2-6的数据对比可以看出,GDP值与畜牧业生产总值之间呈现正相关,这也是与客观事实相符的。比如2014年的吉林省畜牧业发展情况,地区GDP排名前五位的是长春、吉林、松原、四平和通化,而相应的这5个地区的畜牧业产值也是排在前五名。因而证明了地区GDP是畜牧产业布局的重要影响因素之一。

表2-6 2012~2014年东北三省主要城市GDP及2014年人均GDP和畜牧业生产总值

省份	城市	2012年GDP（亿元）	2013年GDP（亿元）	2014年GDP（亿元）	2014年人均GDP（美元）	2014年畜牧业产值（亿元）
吉林省	长春	4506.6	5003.17	5382	11335.85	276.6
	吉林	2430	2617.4	2730.2	10066.79	196
	松原	1065.4	1650.48	1740.02	9697.42	80.3
	四平	1122.6	1210.06	1288.98	6151.74	96
	通化	881.27	1003.45	1070.68	7496.7	97.6
辽宁省	大连	7002.8	7650.8	7655.6	17950.05	180.9
	沈阳	6606.8	7223.7	7589	14962.22	195
	鞍山	2687.1	2638	2721	12277.1	92.1
	营口	1381.2	1513.1	1610	10724.04	34
	盘锦	1279.5	1360	1426	16143.37	17.8
黑龙江	哈尔滨	4550.1	5141.5	5332.7	8146.79	410
	大庆	4000.5	4332.7	4070	22586.91	136
	齐齐哈尔	1153.8	1245	1238.8	3757.54	160.1
	牡丹江	1092.7	1216.1	1166.9	6825.81	68
	绥化	1070.5	1210	1295.1	3892.48	15

资料来源:根据东北三省统计年鉴数据计算所得。

(三)居民收入水平与消费结构

根据边际消费倾向,收入水平与消费需求成正比关系,具体来说就是随着收入的增加,消费支出也在逐步增加,只是增加的幅度越来越小,增加的速度越来越慢。因此,畜牧业的消费结构很大程度上受居民收入水平的限制。在收入水平不同阶段,表现出不同的居民消费倾向。在收入较低时,居民消费主要以粮食为主,但随着收入水平由低向高时,粮食消费将逐步下降,畜产品消费则会快速上升;当收入水平达到较高水平时,粮食消费将逐步稳定,畜产品需求仍会呈现上升趋势,并且更加重视对产品品质和品种的需求。随着收入的不断上升,对畜产品需求总量的增加会越来越少,但畜产品内部需求结构却在发生变化。内部需求结构变化主要表现在对生肉食品和加工食品比例的变动。收入越高,加工食品的消费比重会越大,相应的生肉食品比重会减小。根据测算,低收入阶层、中等收入阶层、高收入阶层的加工食品消费量占畜产品消费总量的比重分别是8%左右、15%左右、20%左右。因此可以说,经济发展和居民收入水平的提高为畜产品加工业提供了良好的市场环境,同时对居民消费结构的研究非常有意义。

从2014年的全国居民收入情况看,人均可支配收入为20167元,比2013年名义增长10.1%,在将价格因素扣除后,实际增长8.0%。从城镇居民收入情况看,人均可支配收入为28844元;农村居民人均可支配收入为10489元。从目前的收入情况分析,预计到2030年,我国基本可以达到中等发达国家的消费水平,畜产品的消费量上升空间很大。再加上人口政策的开放,我国畜产品的需求量会更多,经济水平的提升更加有利于加工食品的生产。

以上从理论上进行了分析,现在转向对东北三省的调查情况进行分析,可以看到,不同的收入阶段,消费不同。城镇居民收入在1700~7200元时,各类畜产品的需求量都在逐渐增长,家庭生肉量从28.2千克增加到43.9千克,增长了55.7%,但是增长速度没有超过加工食品,加工食品人均消费量翻了一番,因此增速最快的是加工食品;在7200元以上时,生肉食品消费需求基本稳定在50千克左右,但加工制品仍有一定幅度的增长,只是增长速度大为降低,只有47.5%。

表 2-7　2005~2014 年东北地区畜产品消费量变动　　单位：千克

年份	猪肉	牛羊肉	禽肉	奶类
2005	7378915	6864595	514237	3243960
2006	9209776	7296946	612423	3610519
2007	7526157	7504437	465815	3796247
2008	10413933	7913523	507762	4272897
2009	12019864	8361220	556325	5079125
2010	13196432	8302857	542285	5064341
2011	14684390	8350118	560170	5796565
2012	15246540	8438539	567432	5834483
2013	14456903	8346857	547957	5826349
2014	14893281	8542179	573424	5976429

资料来源：根据《中国饲料工业年鉴》、中国产业信息网、中国畜牧网计算所得。

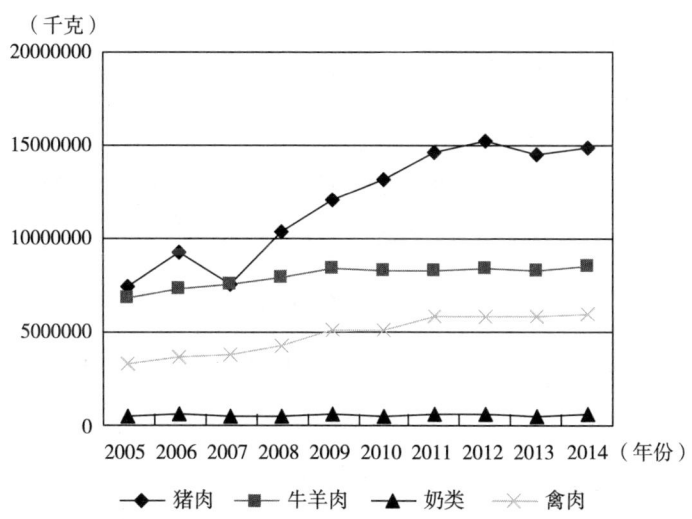

图 2-1　2005~2014 年东北地区畜产品消费量趋势

（四）其他经济因素

畜产品的价格和饲料价格之间的关系是影响饲料需求整体水平的主要经济因素。当畜产品价格与饲料价格比（购买 1000 克的畜产品价格与生产 1000 克的畜产品所需要购买的饲料价格)上升时,饲料生产就有利可图,产量增加;相反,当该比例低或下降时,饲料生产的利润空间变小甚至无利可图,饲料的生产就会受到限制。其他经济因素是指由一些技术因素而导致的诸如饲养效率增加或减少、非饲料生产成本变化等能影响价格的因素,这些因素也会引起饲料需求量的变化。还有一些非经济因素也会对饲料产业的发展产生影响。非经济因素主要指国家政策和一些突发的社会事件。国家政策主要指国家对部分畜产品的价格控制和补贴政策;突发的社会事件对某些产业的冲击巨大,甚至能导致某些产业停滞甚至衰退,如 2003 年初的"非典"暴发,对我国养殖业和饲料工业都产生了较大的影响。

二、政策法律环境分析

自从饲料加工业在我国发展以来,相关职能部门制定了若干个规范和扶持饲料加工业发展的法律法规和具体政策。这些政策法规的内容完善和执行有力是饲料加工业得以健康发展的保障。国家农业部、卫生部、国家质量监督检验检疫总局等部门负责制定中国饲料行业的行业质量管理、技术监督以及卫生标准等,饲料行业调查、召开专业会议、评估行业项目等活动受中国饲料工业协会管理,饲料行业的行政管理部门是国家农业部,农业部畜牧业司承担饲料行业管理的具体职责。

(一)饲料加工业的相关法律法规和政策

1. 主要法律法规

表 2-8 中国饲料行业的法律法规

法律法规	实施日期	主要内容
种畜禽生产经营许可证管理办法	1998 年 11 月	对种畜禽场的基本条件和许可证发放程序进行规定
无公害农产品管理办法	2002 年 4 月	加强对无公害农产品的管理

续表

法律法规	实施日期	主要内容
中华人民共和国畜牧法	2006年7月	规范畜牧业生产经营行为
饲料生产企业审查办法	2007年5月	加强饲料生产企业管理
中华人民共和国食品安全法	2009年6月	规范有关食用农产品的质量安全标准
饲料和饲料添加剂管理条例	2012年5月	对新产品的审定与进口管理,对饲料和添加剂的生产、经营进行规定
饲料和饲料添加剂生产许可办法	2012年7月	加强饲料、饲料添加剂生产许可管理
农业部第2038号《饲料原料目录》修订公告	2013年11月	对饲料原料目录进行重新修订
饲料质量安全管理规范	2014年1月	规范饲料企业生产行为,保障饲料产品质量安全

2. 主要产业政策

表2-9 中国饲料行业的主要政策

主要政策	实施日期	主要内容
关于促进饲料业持续健康发展的若干意见	2002年7月	农业部指出饲料生产和安全监管的目标,提出优化产业结构和布局的措施
饲料加工业结构调整指导目录	2005年12月	规定绿色无公害饲料及添加剂研究开发的具体目录
饲料工业"十二五"发展规划	2011年10月	饲料企业联合、重组、兼并,提高行业集中度
缓解生猪市场价格周期性波动调控预案	2012年5月	加强监测和统计报告,发布预警信息、调整支付补贴

3. 中国饲料加工业的主要法律法规和政策的特点

(1) 强化监管,促进饲料工业持续健康发展。以上所列的所有法律法规和政策的核心内容是保证饲料安全,饲料加工业发展中最重要的环节是饲料安全,食品安全与此直接相关。对饲料质量加强安全监管,进一步提高饲料工业的综合竞争力。对饲料监测建立健全体系,饲料溯源管理和各个方位加强监管,进一步促进饲料工业持续健康发展。

(2) 快速发展,为养殖业提供强有力的物质保障。饲料加工业的发展离不开上下游相关产业的发展,把畜牧业建设成为大产业,促进饲料加工业上下游产业的可持续发展,提升农业产业层次,是我国饲料加工业的法律法规和政策要解决的另一个问题。饲料加工业需要适应养殖业持续健康发展这个理念,重视增加数量和提高质量,并且提高生产效率和转变经营方式,为养殖业快速发展提供供需充足和质量安全的饲料产品。

(3) 优质高效,建立饲料生产体系。现有的饲料加工业法律法规和政策主要是增强饲料加工业对农业的支持作用。饲料的生产成本占畜牧业70%以上,对畜牧业的科技贡献率超过40%,畜牧业得以发展是通过使用优质高效的饲料产品。养殖技术将通过饲料企业销售人员和技术服务人员,直接传播给广大养殖户,科学养殖技术的普及度也将会提高。在畜牧水产养殖的标准化生产、基地建设方面不仅得到饲料加工业龙头企业的引导,在树立品牌、开拓市场等方面其作用也将更加显著。

(4) 加大政策扶持,继续执行税收优惠政策。目前,国家已针对单一饲料、混合饲料、配合饲料、浓缩饲料、复合预混合饲料产品实行免征增值税的优惠。要求各级财政针对饲料高新技术的开发和推广加大资金投入力度,市场信息体系、监测检验体系和优质饲料基地建设也要有相应的投入制度,同时积极引导社会资本投资饲料加工业。

(二) 东北地区饲料加工业的法规和政策

东北地区的饲料加工业的法规和政策主要是以执行全国性的法律法规和政策为主,政府制定的地区性的关于饲料产业的法规较少,更多的是对全国性的法律法规和政策的解读和执行。

1. 主要法规和政策

表 2-10 东北地区饲料行业的法规和政策

省份	法律法规	实施日期	主要内容
吉林	吉林省国家税务局关于加强饲料产品免征增值税管理的通知	2002 年 1 月	规范税收管理，加大对饲料加工业的扶持力度
	长春市饲料和饲料添加剂管理条例	2006 年 2 月	对饲料、饲料添加剂加强管理，提高其质量安全，以维护人民身体为宗旨，促进饲料工业和养殖业的健康发展
	吉林省关于开展饲料质量安全执法年大检查的通知	2009 年 12 月	为全面检查饲料质量安全执法年工作效果，进一步推动饲料质量安全工作
黑龙江	黑龙江省饲料管理暂行办法	1992 年 4 月	加强饲料生产管理，保证饲料产品质量安全，以达到维护生产者和消费者的合法权益的目的，促进养殖业的健康发展
	2008 年黑龙江省饲料兽药深入整治行动实施方案	2008 年 4 月	进一步整顿和规范饲料、兽药市场秩序，强化对饲料、兽药产品质量的监督管理，确保畜产品质量安全
	2013 年黑龙江省饲料工作要点	2013 年 5 月	对新产品的审定与进口管理，饲料和添加剂的生产、经营进行规定
	黑龙江省饲料生产企业许可换证情况调研指导和饲料执法督导检查工作方案	2013 年 8 月	推动新的饲料许可制度进一步有效实施和饲料质量安全整治工作的深入实施，确保饲料产品生产和质量安全，规范和促进饲料行业健康发展
辽宁	辽宁省饲料管理暂行办法	1997 年 12 月	加强饲料生产及经营的管理，提高饲料产品质量安全，保障畜、禽、鱼类饲养动物的安全，促进饲养业的健康发展，生产者和消费者的合法权益得以维护
	辽宁省饲料工业"十二五"发展规划	2011 年 12 月	饲料工业分别实现了由粗放经营向集约经营、由量的扩张向质的提高、由资源消耗型向资源节约型这三种方式的转变。稳步提高了饲料资源利用效率，显著提升了质量安全水平，饲料企业产业集中度进一步提高，生产经营更加规范
	辽宁省畜牧兽医局关于印发辽宁省饲料生产企业审批工作程序的通知	2012 年 12 月	加强饲料生产企业审查验收管理，规范审批制度，严格审批环节的各项工作

2. 主要法规和政策的特点

（1）注重政策落实，以饲料加工业发展扶持为主。如《2013年黑龙江省饲料工作要点》，主要内容是：制定相应配套饲料加工业项目发展规划，协调各级国税部门落实好饲料产品免征增值税政策；帮助符合条件的饲料生产企业逐级申报农业产业化龙头企业；帮助大型饲料企业协调落实省财政粮食精深加工补贴资金专项；帮助新建或改扩建大型饲料企业争取省政府重大产业结构调整项目等。通过各项政策的落实，进一步完善饲料加工业发展的政策支撑体系。

（2）加强国家饲料法规宣传培训。如《黑龙江省饲料生产企业许可换证情况调研指导和饲料执法督导检查工作方案》中对新的饲料许可制度进行宣传和培训，利用网站、报纸、广播电视媒体、宣传单等多种形式广泛宣传新条例新规章；有计划地组织饲料执法人员自身学习，提高依法指导饲料行业发展和行政执法水平；强化对饲料生产经营使用环节管理人员、技术人员的饲料法规及安全知识培训，加大饲料职业技能鉴定培训力度，做到关键工种持证上岗。

（3）加大饲料监管整治力度，以提高饲料产品质量安全水平。主要包括以下几项内容：建立健全饲料安全监管制度；健全畅通内外部沟通协调机制；加强基层监管能力建设等，完善饲料安全的监管流程，保障监管的整治力度。

三、上下游产业链分析

本书所指的饲料加工业与其上游产业即种植业、下游产业即养殖业，三者形成一个基本的产业链条。该产业链条还包括养殖业的下游产业——农畜产品加工业。本书主要分析种植业和养殖业，农畜产品加工业略有涉及。种植业和养殖业受自然、经济、技术和社会等诸多因素的影响，也因所处地区的资源禀赋、技术进步因素、经济发展水平以及人口素质等不同而有所不同。从种植业角度看，东北地区是玉米和大豆的主要产区，因此该地区所生产饲料的主要原料是玉米和豆粕，玉米和大豆的种植面积、产量以及国内国际市场价格对饲料的产量产生直接影响。近年来，国内玉米和大豆的供给不足，东北地区虽然为这两类农作物的主产区，但部分产品运到了其他地区或出口到国外，再加上价格的波动，使东北地区饲料生产的波动也变得常态化。下游的养殖业受国家宏观经济环境和政策调整的影响较大，当宏观经济减速慢行时会影响到各个行业，养殖业也不例外。养殖业的低迷直接影响到饲料加工业，使饲料加工业的供给大大减少；相反，当宏观经济快速发展时，人民的收入提高，对畜产品的需求随之增加，从而使养殖业和饲料加工业的供给大大增加。

（一）上游种植业

本书所研究的饲料主要指工业饲料，工业饲料使用的原料主要有玉米、大豆及豆粕、粗饲料（牧草、秸秆）、添加剂等。东北地区的饲料加工企业所使用的原料主要是玉米、大豆及豆粕，添加剂所占份额较少，本书不做介绍，所以下面仅针对主要的饲料原料玉米、大豆及豆粕进行分析。

1. 玉米

（1）生产情况。玉米生产具有典型的区域差异性特征，根据这些特征可以将全国的玉米生产地区分成三个产区（邵飞，2011），分别为北部产区、中部产区和南部产区。北部产区包括黑龙江、吉林、内蒙古和辽宁4个省（区），是我国重要的玉米生产区，每年的玉米产量占我国玉米总产量的30%左右。近年来北部产区玉米总产量有增长的趋势，从2000年的2964.3万吨增加至2014年的8674.61万吨，增长了1.93倍。中部产区包括北京、天津、安徽、河北、河南、江苏、宁夏、青海、陕西、山西、山东及新疆，是我国玉米产量最大的产区，每年的产量占我国玉米总产量的45%左右，但玉米产量增长势头缓慢。南部产区包括重庆、福建、甘肃、广东、广西、贵州、海南、湖北、湖南、江西、上海、四川、西藏、云南和浙江，相较其他两个产区，南部产区产量最少，总产量占我国玉米总产量的15%左右，所占份额较小。总体来看，从2000年到2014年北部产区占我国玉米总产量的比重越来越大，所占份额有较大提升，中部产区占我国玉米总产量的比重基本保持不变,在三个产区中,只有南部产区的产量比重有下降趋势。这说明我国玉米生产逐渐向区域集中化发展,并且这一发展趋势逐步明朗化。

具体以东北三省为例,东北三省是我国的粮食生产大省,主要以玉米种植生产为主。由图2-2看出,2014年黑龙江、吉林、辽宁的玉米种植面积分别为10000万亩、7000万亩、4000万亩,三省累计总种植面积为2.1亿亩,占全国玉米种植面积的38.2%。2000年以来,东北三省的玉米在种植面积上总体呈现上升趋势,种植面积最大的黑龙江省从2000年的3060万亩增长到2014年的1亿亩,年均增长率达到22%;其次是吉林省,玉米种植面积从2000年的3940.5万亩增长到2014年的7000万亩,年均增长率达到2.5%;辽宁省玉米种植面积从2000年的2101.5万亩增长到2013年的4000万亩,年均增长率5.7%。

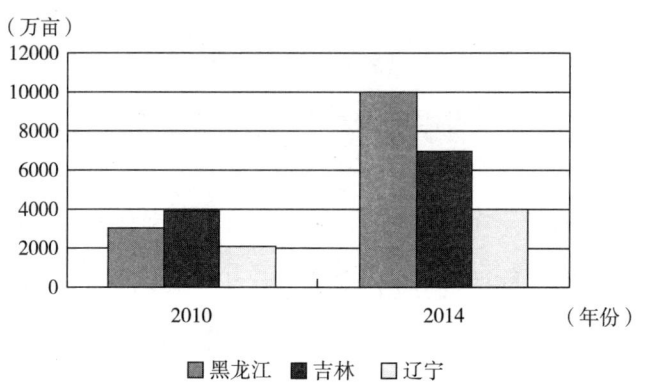

图2-2 2010年和2014年东北三省玉米种植面积

东北三省从2000年到2014年,无论是玉米总产量还是总产量占全国的比重,都呈现出上升和增长的趋势。就2014年来说,东北三省玉米总产量6890.22万吨,占全国玉米总产量的33.5%。黑龙江省的玉米产量从2000年的830万吨增长到2014年的2887.94万吨,年均增长率为25%;吉林省的玉米产量从2000

年的 1615 万吨增长到 2014 年的 2578.78 万吨，年均增长率为 6%；辽宁省的玉米产量从 2000 年的 907 万吨增长到 2014 年的 1423.5 万吨，年均增长率为 5.7%。对比这三个省份可以发现，就总产量来比较，黑龙江玉米总产量是最多的，其次是吉林，辽宁总产量最少；就增长速度来比较，黑龙江也是最快的，吉林次之，辽宁增长最缓慢。如表 2－11 所示。

表 2－11　2014 年各省玉米产量变化情况　　　单位：万吨，%

年份 省份	2010	2011	2012	2013	2014	占全国比重
黑龙江	1822.00	1920.20	2324.40	2675.80	2887.94	14.05
吉林	2083.00	1810.00	2004.00	2339.00	2578.78	12.54
辽宁	1189.00	963.10	1150.50	1360.30	1423.50	6.92

资料来源：中国报告大厅（www.chinabgao.com）。

（2）出口和进口情况。近年来，东北三省的玉米出口情况不容乐观，从 2003 年到 2014 年，东北三省的出口总量逐渐下降，造成这种现象的主要原因有两个。一是国内市场方面，近年来国内粮食供应紧缺，东北地区的玉米较多地用于国内市场的供给和政府的调节，同时，随着技术进步和高科技的应用，东北地区的玉米加工业有了较大的发展，玉米需求增多，导致自产自销。二是国际市场方面，美国玉米以高品质高产量供应占据国际市场，东北地区的玉米无论是品质还是品种上与美国玉米有一定的差距，导致出口量逐步下降，国际竞争力不足。调查数据显示：黑龙江的玉米出口量从 2003 年的 222 万吨下降到 2013 年的 12.9 万吨，吉林的玉米出口量从 2003 年的 1047 万吨下降到 2013 年的 113.7 万吨，辽宁省的玉米出口量从 2003 年的 144 万吨下降到 2013 年的 11.8 万吨，三个省份都有较大幅度的下降。截至 2014 年，东北三省中吉林的玉米出口量是最多的，其次是黑龙江，最后是辽宁。

玉米进口量的情况基本保持不变，从2003年到2014年，东北三省的玉米进口量平均每省每年是12万吨，其中黑龙江平均每年10万吨，吉林平均每年也是10万吨，辽宁玉米进口量年平均是15万吨，可以看出东北三省对玉米的进口量都不大，东北三省目前玉米仍然是净出口。

（3）价格情况。玉米价格容易受到产量、需求等因素影响，行情处于不断波动的状态，价格时时发生变化，因此玉米的价格具体分析起来比较复杂。本书仅分析2012～2014年的行情变化。

2012年，受极端天气影响，东北地区的玉米收获时间延后，品质下降，推迟了上市时间，国内的华北市场玉米价格较低，受此影响，东北玉米的平均价格大大被拉低了。最低时（2012年11月）玉米的平均价格下跌至2242元/吨，到2012年底时，受到生猪盈利情况持续好转的影响，再加上小麦价格上涨，带动玉米的价格回升，玉米价格逐渐趋于平稳，市场供应充足。2013年，东北玉米价格起伏较大。年初开始，东北玉米市场行情普遍走高，其价格高涨，随后逐渐回落。选取代表性的城市哈尔滨、长春、沈阳为例，2013年1月4日，哈尔滨饲料企业玉米收购价格2110元/吨左右；长春玉米收购价格2110元/吨左右；沈阳玉米收购价格2220元/吨左右。之后，哈尔滨、沈阳玉米价格继续走高，长春持平。2013年1月末价格开始回落，3月整体开始回落，6月初整体开始走高，突破2250元/吨，2014年1月中旬以后又整体回落。

2014年，东北玉米价格和2013年相比，涨落情况更加严重，整体走势可以分为五个阶段。仍然以哈尔滨、长春、沈阳为例，第一阶段：1～2月，玉米交易减少，整体冷清，玉米价格弱势下行。第二阶段：3～4月，需求整体偏弱，东北玉米收储量大幅增加支撑了东北玉米价格，才保证了价格没有较大幅度变动，基本保持稳定。第三阶段：5～8月，大量收购已经结束，东北地区粮源大幅度减少，市场需求无法满足，华北地区粮食本身就很紧缺，进而导致玉米价格大幅度上涨，最大涨幅达到10.26%。第四阶段：9～10月，玉米收获季节的到来给市场提供了充足的玉米,供给较大引起玉米价格的回落,从先前的高价跌至正常合理区间,整体跌幅达8.27%。第五阶段:11~12月,价格稳定,玉米收购不像9~10月那么强烈,玉米市场供应充足。

2. 大豆及豆粕

(1) 大豆主产区情况。按照我国大豆生产布局区划(杨树果,2014),可以将大豆生产区域划分为以下三大生产区域:北方春作大豆区、黄淮海夏作大豆区和南方多作大豆区。黑龙江、吉林、辽宁、内蒙古以及新疆为北方春作大豆区;北京、天津、河北、山西、上海、江苏、安徽、山东、河南、陕西、甘肃和宁夏为黄淮海夏作大豆区;浙江、福建、江西、湖北、湖南、广东、广西、海南、重庆、四川、贵州、西藏和云南为南方多作大豆区。从1978年到2012年,三个大豆生产区的大豆播种情况都有了较大的变化。北方春作大豆区大豆播种面积从总体上来说是先增加后减少的趋势,增加的趋势体现在1978~2009年,种植面积增多,其面积占全国的份额也逐步增大,从1978年的39.4%扩大到2009年的60.2%,从2010年呈现出减少的趋势,2010年不仅播种面积有所下降,其占全国的份额也下降到2012年的51.3%。黄淮海夏作大豆区大豆播种面积从1978~2009年持续减少,其所占全国的比重自然也是逐步减少,从1978年的43.9%下降到2009年的27.4%,但是,该情况从2010年开始有所好转,2010~2012年占全国的比重也有所提升,截至2012年,该比例达到32.2%。南方多作大豆区的大豆播种面积是先上升后下降再上升的趋势,1978~2005年稳步上升,2006年下降幅度较大,此后缓慢回升,到2012年,占全国的份额总体变化不大,基本维持在10%~20%,平均在16.7%左右。如图2-3所示。

(2) 大豆产量情况。2000年以来,东北三省的大豆产量一直排在全国前十名,其他经常排在前十名的省份还有:河南、山东、江苏、安徽、河北、湖北、四川、内蒙古等省区,全国前十位行列中始终有黑龙江、吉林、山东、河南、辽宁、安徽和江苏7省。排名前十名省份的大豆产量占全国总产量的78%以上,这

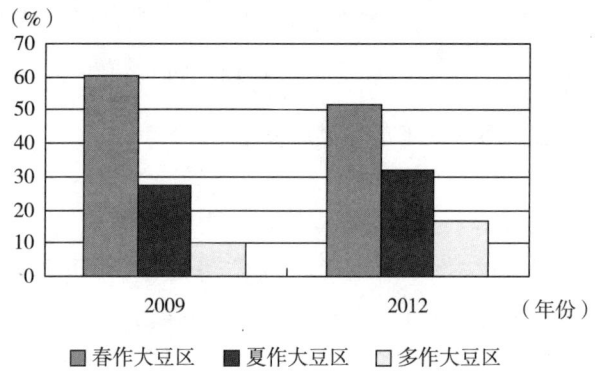

图 2-3 大豆主产区播种面积

资料来源：中国饲料行业信息网。

反映出中国大豆生产集中度较高。就拿黑龙江省来说，作为大豆主产区，其大豆产量在全国具有绝对的优势，每年的大豆产量占全国总产量的25%左右，但是各省的大豆产量在不同年份有起伏。

表2-12为2000~2013年东北地区大豆生产情况。2000~2013年，黑龙江省的大豆产量在2005年时最高，产量为800.7万吨，之后产量开始逐年下降，到2013年，大豆产量只有400.2万吨。吉林、辽宁与黑龙江省的情况基本相同，2004年是吉林和辽宁大豆产量最高的年份，分别为152.06万吨和81万吨，之后产量逐年下降，到2013年，大豆产量分别为45.39万吨和31.3万吨。从产量的绝对数量看，黑龙江的大豆产量最高，吉林第二位，辽宁第三位。

表2-12 2000~2013年东北地区大豆生产情况　　　单位：万吨

年份	黑龙江	吉林	辽宁
2000	489.6	120.3	43.2
2001	537.5	110.5	46.5
2002	610.7	127.47	59
2003	616.1	150.3	67

续表

年份	黑龙江	吉林	辽宁
2004	727.5	152.06	81
2005	800.7	130.2	49.3
2006	689.3	121	40.1
2007	527.3	78.3	30
2008	667	101.35	52.9
2009	618.5	82	32.1
2010	601.9	86.57	37
2011	577.8	78.79	37
2012	479.6	40.83	34.2
2013	400.2	45.39	31.3

资料来源：2014年东北三省统计年鉴。

（3）大豆和豆粕价格情况。总体来看，中国大豆的市场价格总体呈现增长势头，1978年的平均价格为0.40元/千克，到2013年增加到4.75元/千克，增长了10.8倍。1978～2014年，中国大豆市场价格可以分为两个阶段：第一阶段为1978～1997年，这20年大豆市场的价格处于稳定增长阶段，大豆主产品的价格从0.40元/千克涨到3.00元/千克；第二阶段为1997～2012年的波动增长阶段，这一时期大豆价格波动较大，主要是受国际市场大豆价格的影响，1997年的价格为3.00元/千克，2001年下降到1.87元/千克，2003年又提高到2.94元/千克，2006年又下降到2.52元/千克，2007年再度迅速上升，上升到4.14元/千克，2009年继续下降，价格为3.68元/千克，2012年又涨到4.75元/千克，这期间的大豆市场价格经历了三涨三落。2013年的全国大豆市场价格前9个月价格平稳，平均4.75元/千克，10月受国际价格波动影响，价格大幅上涨，涨到6元/千克，11月价格回落。2000～2014年，东北地区的大豆价格和全国的价格走势基本一致。图2-4为一亩田农业网检测中心提供的2012～2014年的大豆价格走势数据。

（元/千克）

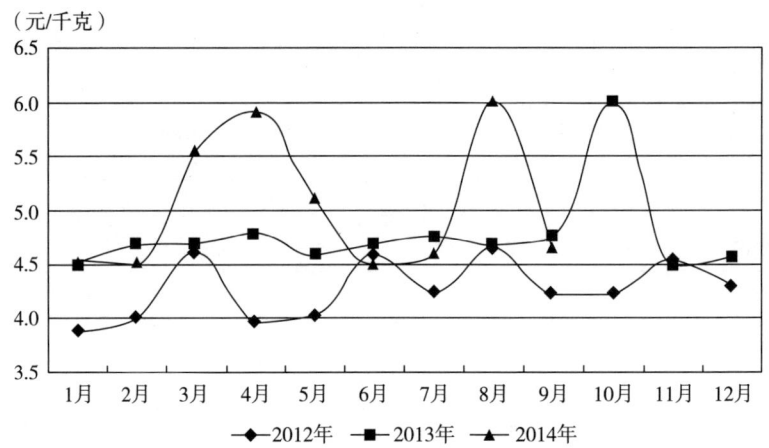

图 2-4 2012~2014 年一亩田大豆价格走势

资料来源：一亩田农业网监测中心数据。

我国畜牧业所需蛋白质原料的另一个主要来源是豆粕，它是大豆提油后的副产品。豆粕中的粗蛋白质和必需氨基酸含量在饼粕饲料中是最高的，这两项物质是蛋白质原料中最重要的部分，蛋白质含量高达40%~50%。豆粕也是适应性非常强的蛋白质原料，在各种畜禽饲料中都可以使用，而且使用比例不受限制。作为最实用的蛋白质原料，豆粕广泛用于饲料工业中。20世纪90年代以前，人们还没有认识到豆粕是最廉价优质的蛋白质来源，农民曾将大豆和其他油料饼粕直接用作肥料，造成了大量的浪费。90年代以后，豆粕在我国不再是一种农副产品，各地的饲料企业纷纷将豆粕作为主产品之一来组织生产，在饲料的成分中越来越重要。

豆粕在东北三省的市场销售和需求情况很好，长期以来价格比较稳定。近年来，豆粕加工企业也逐渐增多，截至2014年，东北三省就有700余家，面上总生产能力达到3000万吨，但实际产量超过21000万吨。

经过以上分析可以看出，东北地区以饲料粮为主的饲料原料供应处于紧张状态。20世纪90年代以来，这种状况日益明显并且一年比一年突出。由于畜牧业和养殖业的快速发展，这种状况还会持续。虽然玉米的播种面积和产量日益增加，但相对于畜牧业和养殖业的需求而言，供需差距仍然很大。不仅如此，主要蛋白质饲料原料如大豆的供给不足也日益明显,需要进口的大豆达到70%,豆粕的供给不足。合成氨基酸是蛋白质的基本单元,在饲料的营养成分中是必不可少的,缺口达到50%。东北地区蛋白质饲料原料加工业发展滞后,生产的饲料品质不高、营养失衡造成了饲料粮的浪费。

一方面,饲料原料的市场处于紧张状态,另一方面,饲料加工业生产的饲料缺少高技术,原料市场处于失衡的状态。造成这种局面的原因表现在以下几个方面:

第一,分散的市场结构使中小饲料生产企业缺乏竞争优势。东北地区饲料市场属于分散的市场结构,在这样的市场结构中,大型饲料企业数量少,在饲料采购过程中有采购数量多、持续性好、信誉度高等优势;而中小型饲料企业在饲料市场中虽然占据绝大部分,但分布不集中、缺乏资金优势,采购量没有大企业高,需求不稳定,在原料采购时经常处于劣势。

第二,东北地区饲料原料企业整体竞争力不强。从全国的情况看,饲料原料生产的集约化和产业化程度很高,饲料原料生产企业对市场的集中程度高,基本能够操控市场价格,这在豆粕行业中的表现尤为突出。中粮集团、中储粮油脂、嘉吉集团、邦吉集团等几家内外资企业是国内著名的油脂生产企业,也是豆粕原料生产的主力军。这几家油脂生产企业的豆粕产量最高,大约占全国总产量的70%,而东北地区的饲料生产企业中,产量排在前十名的饲料企业总产量仅为全国饲料产量的20%,整体的竞争能力在全国表现不强。

第三,饲料原料价格波动较大,规避风险能力有限。饲料企业不能够提前预知风险,有些主要的原材料又没有替代品,导致规避风险的能力非常有限。例如,在饲料原料组成中不可替代的豆粕,它的存储期比较短,饲料企业必须根据生产的多少购入豆粕,而豆粕受到政策因素、季节性因素、供需状况和大豆相关产品的价格影响,价格波动很大。还有一个重要的影响因素是,我国是大豆的净进口国,豆粕价格受到大豆的进口价格的影响,其波动也会使全国饲料企业包括东北地区的饲料企业处于非常不利的地位。饲料企业面对这种波动,完全没有应对的办法,如果豆粕价格不变或下跌了,饲料生产企业的日子就好过了,这时饲料的原材料成本不变或下降,饲料生产企业的竞争力会得到提升,预期利润就增加了;但如果豆粕价格上升了,饲料生产企业就面临着亏损的危险,尤其是竞争力不强的小企业。

(二) 下游养殖业

1. 畜禽养殖业

在饲料加工业链上,养殖业处于中转环节,也是重要的中间环节,上一环节是饲料产品的转化,下一环节是畜产品的加工与消费,是饲料产品的需求方。养殖业的发展直接影响到饲料加工业的发展。近年来,东北三省畜禽养殖业发展迅速,目前已经进入快速发展优化时期,养殖业生产水平和生产效率都有了较大幅度的提高,逐渐成为东北三省农村实现经济转型的重要产业之一,当然也是农民收入得以提升的新源泉。2013 年,东北三省畜牧业产值达到 585 亿元,农民人均畜牧业纯收入 176.2 元。

表 2-13 2004~2013 年东北地区养殖业情况

年份	猪年末出栏数量(万头)	羊年末出栏数量(万只)	家禽养殖数量(万只)
2004	2030	1572.8	16691.5
2005	2312.8	1610.6	16680.8
2006	2625.9	1751.5	11985.9
2007	2747.6	1795.9	22515.5
2008	3336.6	1744.2	26625.2
2009	2962.9	1614.7	22886.5
2010	2928.4	1926.9	23079.8
2011	2953.3	2241.3	23715.9
2012	3975.4	2514.9	30941
2013	3982.4	2949.4	29399.8

资料来源:2014 年东北三省统计年鉴。

如表 2-13 所示，2004~2013 年东北地区畜禽养殖业发展较快，2004 年生猪年末出栏数量为 2030 万头，2013 年为 3982.4 万头，增长了 96.18%；2004 年羊年末出栏数量为 1572.8 万只，2013 年为 2949.4 万只，增长了 87.53%；家禽的养殖数量总体上呈增长的趋势，从 2014 年的 16691.5 万只增长到 2013 年的 29399.8 万只，2012 年家禽养殖数量达到最高峰，为 30941 万只。

近年来，东北地区形成了多个畜禽养殖生产基地，主要包括奶牛、肉牛、生猪和其他特种养殖基地。黑龙江的大庆、安达，辽宁的海城、抚顺，吉林的长岭、公主岭等地形成了多个奶牛生产基地；黑龙江的宾县、虎林，辽宁的黑山、昌图，吉林的四平、东丰等地形成了多个肉牛生产基地；黑龙江的望奎县、兰西，辽宁的铁岭、康平，吉林的榆树、前郭等地形成了多个生猪生产基地；黑龙江的依安、肇州等地形成了绿色大鹅生产基地，鸡西、双鸭山形成了特色养殖生产基地。

2. 畜产品加工业

东北地区畜牧业快速发展的同时，畜产品加工业也快速发展。畜产品加工业涉及面广，主要有乳制品加工、肉类加工以及畜禽屠宰加工等加工企业。截至 2013 年底，东北三省共拥有畜产品加工企业 510 家。畜产品加工业已经初步形成规模，形成了初级加工与精深加工共生共长、品种齐全、构成合理、地方名牌与驰名品牌竞相发展的格局。根据数据查询结果，截至 2013 年，东北地区省级畜产品龙头企业共有 56 家，这些企业发挥了示范引领作用，完成销售收入 88.8 亿元，上缴利税达到 9.3 亿元；规模以上畜产品加工企业共有 800 多家，这些企业是畜产品加工行业的主力军，共实现了销售收入 252 亿元，上缴利税 30 亿元。

3. 乳制品加工业

20 世纪初，俄国侨民在哈尔滨建立了第一家乳品厂，可以看作东北地区乳制品加工业的开端。当时的乳品厂的主要产品是巴氏杀菌乳制品，每年的生产能力为 120 吨。近年来，乳制品加工业的发展范围扩大，发展速度较快，截至 2013

企业市场分析与竞争力研究

年,东北三省共建设了500余家乳品厂,三省中黑龙江省发展最为迅速,产品品牌也较多,累计达到200个,也是我国乳制品企业最多的省,在我国乳制品加工业中占有举足轻重的地位。我国较大的乳制品集团比如伊利、蒙牛等都在东北三省建立了相关生产企业。东北三省的地方乳制品企业也在近年来有了快速发展,比如黑龙江省的龙丹、完达山、金星等,吉林拥有"广泽""金财",辽宁拥有"辉山""优格"等本地知名乳品品牌。

同时,东北地区的科研组织也为乳制品加工业的发展提供了可靠的技术支持,在先进技术支撑下,东北地区乳制品加工业得以健康稳步发展。东北地区的乳制品科研机构主要有国家乳业工程技术研究中心、东北农业大学、吉林农业大学。国家乳业工程技术研究中心(以下简称国乳中心)是我国最具权威性的综合研究机构,国乳中心包括国家乳制品监督检验中心、乳品培训中心、全国乳品标准化中心、全国乳品工业信息中心、国际乳品联合会中国国家委员会秘书处等分支机构,这些机构主要致力于乳制品开发、质量管理、信息交流及其研究以及产品试用等一系列乳品研究,研究范围涉及乳制品研究的各个方面。东北农业大学在人才培养方面尤为重要,该学校拥有我国唯一的乳品科学教育部重点实验室和乳品博士点,培养的人才为我国乳制品研究提供了强劲的发展动力,是乳制品行业发展的持续力量。

4. 肉类及禽蛋加工业

目前东北三省有规模以上禽类屠宰加工厂近500家。这些企业普遍执行欧盟的先进工艺流程,引进国际最先进的设备和工艺,具备了与国际接轨的生产条件。哈肉联、皓月集团、北大荒肉业有限公司都属于规模以上的肉类加工企业。除了正大集团、得大集团等规模较大的肉鸡加工企业外,小型企业的数量多、产量大。东北地区的肉鸡出口量大,每年能达到15万吨左右,主要销往东南亚和中东等地区。黑龙江省的肉类加工以鹅为主,生产以风鹅为主的18个品种,年屠宰能力6000多万只,实际加工能力3000多万只,产品主要销往江苏、上海、浙江等省市。目前，东北三省年出栏1.2亿只商品鹅，商品鹅的销售方式主要有两种：一是以鹅白条、鹅原毛的形式出售，销售给南方深加工企业；二是以冷冻保鲜的鹅肥肝形式出售，该销售主要面向全国，以酒店为主。

由于上游的原料价格大幅上涨，饲料企业的利润空间被进一步压缩，为了生存，饲料企业不得不提高饲料销售价格，而下游的养殖户对饲料价格的变化非常敏感，饲料企业的成本转嫁能力较为有限。尤其是东北地区的养殖业处于从小规模分散养殖向规模养殖的过渡阶段，饲料价格的波动对养殖业的影响非常大，而且重大疫情容易导致养殖业效益下滑，因此，养殖业的市场往往处于不稳定的状态。为此，东北地区的各级政府制定了一些具体的优惠扶持政策。以吉林为例，主要政策有：养殖业用地按种植业用地对待，金融部门适当放开对养殖业小额贷款的限制，逐渐加大信贷强度。对各级农业现代化和产业化的龙头企业、种畜禽生产加工企业、优质畜产品产区、优质奶牛养殖产区和各种规模养殖场，进行有差别的项目支持，但需要经过一系列申报程序。

本章小结

本章主要从饲料加工企业总数、饲料品种及产量情况、饲料加工企业的总产值和营业收入以及人力资源情况阐述了东北地区饲料加工业的发展现状，从经济、政策、市场环境和上下游产业的发展状况分析了东北地区饲料加工业的发展环境，将东北地区饲料加工企业的发展环境和全国其他地区进行比较，既有粮食主产区的发展优势，也有中小企业分散经营的市场劣势。

第三章 东北地区饲料产业需求与供给分析

畜牧业生产的最基础的环节是饲料生产，同时饲料业作为微观主体在畜牧业的发展过程中发挥着越来越重要的作用。我国是人口大国，改革开放以后人民的生活水平提高较快，生活质量尤其是膳食结构发生了较大的变化，对粮食以及畜产品的需求发生了结构性的变化。近年来，我国人均肉类与水产品消费量不断增加，促进了畜牧业的发展，从而也使饲料需求量的消费增加。但与需求不同的是，我国耕地资源和草场面积是有限的，国内的饲料供给并不能很好地满足市场的需求，豆粕等一些重要的饲料原料有相当一部分仍需要进口。如何在保护耕地、保护资源的前提下能够将有限的资源更加合理、有效地利用，准确地了解饲料产业的供给和需求状况，是摆在我们面前非常重要的课题。而东北地区是全国饲料生产和消费的主要地区。因此，要对东北地区饲料产业进行系统研究，我们有必要首先了解东北地区饲料产业的需求与供给现状。

笔者对东北地区饲料产业近些年的供给和需求情况进行了调查。深入到三个省份的市（县）、乡村，走访当地粮食市场、饲料生产经营企业、畜禽（猪、鸡）养殖场（户），拜访了部分市、乡镇分管畜牧业的领导，邀请相关部门专家咨询座谈等调研工作，较深入地了解东北地区目前畜禽饲料需求、生产、供应状况与存在的问题,以寻求适合东北地区的饲料生产与经营模式,促进养殖业的健康持续发展。

第一节 东北地区饲料产业需求调查分析

对我国饲料产业的需求调查要从养殖户开始,养殖户对饲料的需求行为是研究饲料产业需求的关键因素,也决定着饲料使用的合理性和饲料使用效率的高低。所以,对东北地区饲料产业的需求情况及其影响因素进行分析的调查对象应该是养殖户。

一、东北地区饲料需求基本情况

随着养殖业的发展尤其是养殖规模的扩大,从 2000 年之后,饲料需求的强劲增长来源于下游养殖规模的扩大。2000 年之后,畜禽等肉类的年度需求增速变化较大,水产品保持在比较平稳的态势。2011 年,我国人均肉类年消费量为 45 千克,水产品人均消费量为 41 千克,而同期肉类和水产品在发达国家的人均消费量分别为 80 千克和 25 千克。经过十几年的发展,目前中国对水产、蛋、奶等主要农产品的消费量已基本与发达国家相当,大幅增长的空间不大,但畜禽等肉类人均消费量仍有一定增长空间。从总体平均水平看,肉类和水产品长期增速维持在 5% 左右的水平是比较稳定的。本书对东北地区饲料产业的需求分析主要以畜禽等肉类需求为主。对肉类需求的分析必须要研究养殖业的需求。统计数据显示,自 2009 年中国养殖行业规模化发展趋势显现以来,东北地区的配合饲料与混合饲料需求量一直在上升。

饲料粮在我国的饲料构成中约占总量的 70%,而饲料粮的构成主要是玉米和豆粕。目前国内外的养殖场使用的主要是工业饲料。不仅大中型养殖场依赖于新型工业饲料，很大一部分传统的散养农户也在使用工业饲料。

从近年来东北地区饲料市场的需求状况来看：

2011年，全国饲料市场的需求状况是历年中最好的一年，也是东北地区饲料市场需求状况最好的一年。养殖业效益明显增长，饲料行业运行总体平稳。猪饲料需求一直不振。2009年和2010年两年的低盈利甚至亏损使得散户和小规模的生猪养殖者退出市场，2011年全年，中国猪饲料需求都表现为低迷状态，但肉禽饲料需求旺盛。肉禽养殖高盈利、疫病影响程度相对较小等都推动肉禽饲料企业实现了较好盈利。肉牛、肉羊方面，中国肉牛、肉羊养殖尚在缓慢恢复中，由于肉牛、肉羊养殖效益一般，2011年肉牛、肉羊饲料需求增长不明显。

2012年，生猪存栏逐渐恢复，但恢复得比较缓慢。肉禽饲料需求增长态势继续持续，但受供大于求因素影响，2012年，中国肉禽饲料需求增长幅度小于2011年。肉牛、肉羊饲料需求增长仍然不明显。

2013年，东北地区饲料需求量与上年同期相比仍保持10%以上增速。然而，受严重的动物疫情和政府反腐倡廉导致餐饮业消费显著下滑的影响，2013年饲料产量的同比增速出现明显下滑。截至2013年12月，配合饲料累计产量为1.38亿吨，同比增速降至9.21%；混合饲料累计产量为0.59亿吨，同比增速降至7.56%。

2014年开局，国内养殖业依然承受着禽流感疫情继续发酵、生猪价格低位运行的影响，春季养殖户的补栏积极性不容乐观，2014年饲料需求预期继续下滑。

二、影响东北地区饲料需求的因素分析

（一）食用畜产品需求量有增加的趋势

随着经济的发展，近些年来城镇和农村居民的食物消费结构都得到很大改善,人们对食用畜产品的需求量增长呈现不断增加的趋势,从而带动了饲料需求的增加。从 1978 年以来,居民食物结构从总体而言发生了如下变化:直接消费的口粮缓慢下降,间接消费的饲料粮持续上升。据统计资料分析,中国人均国民生产总值每提高 10 个百分点,可使粮食间接消费增加 430 万吨。特别是城镇居民食物结构变化更为明显,从 1980 年到 1995 年,人均口粮消费由 172.2 千克下降到 111.6 千克,下降幅度为 35.2%;而同期人均动物性食品消费量由 32.66 千克上升到 42.6 千克,上升幅度达 30.7% 以上。生猪、家禽饲养业的发展是影响饲料需求的最主要因素,猪肉和禽肉在中国动物性食品消费中占的比重较高,而生猪和家禽的饲料主要是以粮食为主的精饲料。此外,随着人们生活水平的提高,近年来,猪肉的消费比重有所下降,禽肉和牛肉的消费比重在逐年上升,水产品的消费比重呈上升趋势,这也将带动饲料量需求结构的新变化和新增长。

(二)家畜等畜产品的生产技术有大幅进展

虽然随着人口和人均购买力的增加,各种动物产品的消费量迅速增加,但东北地区的饲料产品消费量并没有呈现同比增长的趋势。这是由于饲养技术、畜牧养殖和管理方法的改进。随着饲料转化率的提高,肉、蛋、奶所需的饲料粮减少。其中,家禽饲养和养猪业的饲料转化率最为明显,从而大大节省了饲料粮的消费。此外,繁殖能力强、免疫力强、育肥期缩短也可以节省单位畜产品的饲料需求。而且,人们的消费肉类产品的结构也发生了变化,猪肉产量占肉类总产量的比例下降,牛肉和羊肉的比例增加,也在一定程度上节省了饲料粮的消费。

表 3-1　东北地区与国内外地区饲料转化率水平比较

	国际先进水平	国内先进水平	东北地区平均水平
肉牛	1:6:1	1:8:1	2:0:1
肉鸡	2:0:1	2:3:1	2:5:1
生猪	2:6:1	3:0:1	4:0:1

资料来源:根据《中国饲料工业年鉴》整理。

（三）价格和其他经济因素影响饲料需求

饲料需求的总体水平主要取决于动物产品价格与饲料价格之间的关系。当动物价格与饲料价格的比率（购买一千克肉类动物产品的价格和该千克动物产品的生产需要购买的饲料价格）增加时，饲料生产就会变得有利可图；相反，当比例低或下降时，饲料生产受到限制。其他经济因素是指由于某些技术因素可能影响价格的因素，如饲料效率的变化，非饲料生产成本的变化等。它还会导致饲料需求的变化（根据联合国粮农组织1988年的资料获得）。

三、东北地区饲料需求调查与分析

（一）对调研样本进行选择

由于畜产品的种类繁多，调研样本过于复杂，因此要选择代表性的样本进行调研。猪肉产品在东北地区居民的食物消费结构中占主体，这类产品在东北地区的食肉畜产品中占的比例最大，饲料的需求量也最大。因此选择生猪养殖户作为调查对象。另外，养殖户的行为受诸多因素的影响，主要包括自然、经济、技术和社会等。因此，养殖户的饲料需求行为也因所处地区的资源禀赋、技术进步因素、经济发展水平以及人口素质等不同而有所不同。笔者于2015年2月特别选取了吉林梨树县、辽宁阜新和黑龙江海林县三个市县进行抽样调研，指标选择2014年的数据。具体的抽样方法为：在每个市县抽取生猪养殖发展较迅速的两个乡，每乡再随机抽取一个村，结合养殖户的养殖结构和养殖规模、养殖户的收入水平等因素，每村抽取17户生猪养殖户进行问卷调研，样本总量共计102户。经过检验和筛选，剔除无效样本，最终确定有效样本为96户。

东北三省的地理位置、气候等自然条件基本相近，均为粮食和畜牧业生产大省。因此，可以认为东北三省生猪养殖户的饲料需求行为所受的影响因素大致相同。本书首先按2014年全年生猪出栏数量将被调研的生猪养殖户分为大型、中型和小型三类;其次按照玉米这种主要的猪饲料在饲料需求中所占比重将被调研的生猪养殖户分为高、中和低三种类型,最后分别进行分析;然后按照饲料购入的途径将饲料养殖户进行分类。统计内容结构如表3-2所示。

表3-2 样本统计内容结构构成

地区或生猪养殖户类型		划分标准	占总户数比重(%)
地区		吉林	33.33
		辽宁	33.33
		黑龙江	33.33
养殖户规模	小型养殖户	年出栏50头以下	30
	中型养殖户	年出栏50~100头	25
	大型养殖户	年出栏100头以上	45
饲料需求构成	玉米使用比例高	60%~100%	15
	玉米使用比例中等	30%~60%	45
	玉米使用比例低	30%以下	40
饲料购入途径		集市或其他	26.05
		批发市场或外地	61.45
		上门企业或商贩	12.5

(二)对调研结论进行分析

1. 养殖户饲料需求构成中玉米所占比例最高且以购入为主

从被调研养殖户的总体情况来看,玉米使用比例最高的养殖户占15%,比例中等的养殖户占45%。玉米在生猪饲料使用中所占比重最大,平均在50%以上,其中吉林梨树县、黑龙江海林养殖户使用玉米的平均比重达60%以上。吉林和黑龙江两省均是我国玉米生产大省,在价格方面存在一定的优势,因此这两个省的生猪养殖户的饲料构成中玉米所占的比重高;而且吉林和黑龙江两省都是我国畜牧业发展大省,所调研的三个市县规模化养殖水平也较高。一般情况而言,为了降低成本,较大规模养殖户更倾向于使用价格较低的玉米和浓缩饲料自行配置配合饲料。

表3-3 养殖户玉米使用总量所占比例情况统计

饲料构成（%）	户数	梨树	阜新	海林
工业饲料	22	6	8	8
玉米	59	20	17	22
豆粕	14	6	6	2
糠麸	1	—	1	—
合计	96	32	32	32

在所调研的养殖户中，有61.46%的养殖户需要购入玉米。从地区情况来看，梨树有31.25%的养殖户购入玉米占使用玉米总量的比重超过60%，阜新和海林分别有21.87%和25%的养殖户购入玉米比重超过使用玉米总量的60%（见表3-4）。因此在一般情况下可以认为，吉林养殖户购入玉米所占使用玉米总量的比重高于黑龙江和辽宁。

表3-4 养殖户购入玉米占使用总量比例情况统计

玉米购入部分占总使用量比例（%）	户数	梨树	阜新	海林
0	37	12	15	10
0~30%	21	8	7	6
30%~60%	25	10	7	8
60%~90%	13	2	3	8
90%以上	—	—	—	—
合计	96	32	32	32

2. 养殖户主要通过批发市场或外地购入饲料

根据调研数据，61.46%的养殖户通过批发市场或外地购入饲料，12.5%的养殖户通过上门的企业或商贩购入饲料，26.04%的养殖户通过集市或其他渠道购入饲料（见表3-5）。可见，批发市场或外地购入是目前养殖户购买饲料产品的主要渠道，其次是上门的企业或商贩。此外，近几年来从其他渠道购买饲料的生猪养殖户逐渐增多，其他渠道主要是指养殖合作社和集市。近年来，随着养殖小区或合作社的发展，联合购买的方式更便于养殖户获取价格上的优惠。

表 3-5　养殖户饲料购入渠道情况统计　　　　单位：户

饲料构成（%）	集市	批发市场或外地	上门企业或商贩	其他	合计
工业饲料	6	12	2	2	22
玉米	12	36	6	5	59
豆粕	—	10	4	—	14
糠麸	—	1	—	—	1
合计	18	59	12	7	96

3. 大规模养殖户注重饲料产品的有效配比

调研发现，大规模养殖户工业饲料的平均使用比重最小，为28.10%；中等规模养殖户的工业饲料使用比重最高，为41.16%；小规模养殖户居中，为35.14%。从三种规模养殖户的饲料构成情况来看，小规模养殖户玉米的使用比重最高，为60.11%；中等规模养殖户的玉米使用比重最低，为50.10%；大规模养殖户玉米使用比重居中，为55.14%。大规模养殖户的豆粕和糠麸的使用比重是三种规模养殖户中最高的，分别为8.17%和8.29%，中等规模和小规模养殖户豆粕的使用比例分别为6.71%和3.23%（见表3-6）。从三种规模养殖户的饲料使用构成情况看，大规模养殖户更加注重饲料产品的有效配比，更注重饲料的营养均衡。中等规模和小规模养殖户由于受到技术和自身产量限制，更多使用工业饲料，饲料生物使用结构还不够合理。

表 3-6　不同规模养殖户的饲料使用构成比例情况　　　　单位:%

饲料构成（%）	小规模	中等规模	大规模
工业饲料	35.14	41.16	28.10
玉米	60.11	50.10	55.14
豆粕	3.23	6.71	8.17
糠麸	—	—	8.29
其他	1.52	2.03	0.30
合计	100	100	100

通过分析，可以得出以下主要结论：总体来看，调研地区生猪养殖户饲料需求构成中玉米所占比例即饲料粮使用比重较高，工业饲料使用比重较低；当前调研地区养殖户饲料购买渠道以批发市场或外地购入饲料为主；大规模养殖户使用工业饲料比重相对低，更注重饲料产品的有效配比，中小规模使用工业饲料的比重相对较高。根据调研结果，11.15%到批发市场或外市购买工业饲料的养殖户均为大规模养殖户，10.25%到批发市场或外市购买玉米的养殖户也为大规模养殖户，说明大养殖户有与大饲料供应商进行合作的能力，并由此获得一定的价格优惠。而小规模养殖户的价格谈判能力较弱，饲料采购方式难以取得主动权，基本以集贸市场购买或接受商贩上门销售为主。

第二节 东北地区饲料产业供给调查分析

一、东北地区饲料产业供给基本情况

对饲料产业的供给调查内容主要包括饲料产业的总产值和营业收入以及饲料供给的产品类型等方面。

（一）饲料供给的工业总产值和营业收入

表3-7 2003~2013年东北地区饲料工业总产值和营业收入统计　　单位：万元

年份	省份	工业总产值	营业收入	工业总产值合计	营业收入合计
2003	吉林	625000	625000	2741878	2714115
	辽宁	1086878	1069115		
	黑龙江	1030000	1020000		

续表

年份	省份	工业总产值	营业收入	工业总产值合计	营业收入合计
2004	吉林	625000	625000	3089982	2888493
	辽宁	1304982	1303493		
	黑龙江	1160000	960000		
2005	吉林	703000	703000	3473038	3243960
	辽宁	1500038	1490960		
	黑龙江	1270000	1050000		
2006	吉林	780000	780000	3630496	3610519
	辽宁	1550496	1540519		
	黑龙江	1300000	1290000		
2007	吉林	873000	873000	3888011	3796247
	辽宁	1675011	1603247		
	黑龙江	1340000	1320000		
2008	吉林	987000	987000	4418574	4272897
	辽宁	1961349	1885897		
	黑龙江	1470225	1400000		
2009	吉林	1044600	1044600	5515529	5079125
	辽宁	2720835	2503511		
	黑龙江	1750094	1531014		
2010	吉林	1171534	1171458	6095933	5611687
	辽宁	3024299	2712619		
	黑龙江	1900100	1727610		
2011	吉林	1301795	1301896	7022058	6484101
	辽宁	3714913	3304415		
	黑龙江	2005350	1877790		
2012	吉林	790574	790574	6924530	6606303
	辽宁	4115956	3987529		
	黑龙江	2018000	1828200		
2013	吉林	810534	795832	7451528	6915586
	辽宁	4315563	4187349		
	黑龙江	2325431	1932405		

资料来源：《中国饲料工业年鉴》。

2003年，东北地区饲料工业总产值和总营业收入分别为2741878万元和2714115万元。2013年，工业总产值和总营业收入分别为7451528万元、6915586万元，与2012年相比，环比增长了7.61%和4.68%。

（二）饲料供给的产品类型

从饲料企业的产品类型来看，相当数量的饲料企业既生产配合饲料，又生产浓缩饲料，一些技术水平相对较高的企业还涉及预混合饲料生产。主要结构如表3-8所示。

表3-8　2003~2013年东北地区饲料生产情况统计　　　单位：吨

年份	省份	总产量	配合饲料	浓缩饲料	预混合饲料
2003	吉林	2605240	1421160	1147970	36110
	辽宁	5238185	2499760	2685765	52660
	黑龙江	4500000	2260000	1970000	270000
	合计	12343425	6180920	5803735	358770
2004	吉林	2720600	1497000	1185000	38000
	辽宁	5634261	2929586	2655114	49561
	黑龙江	5050000	2500000	2235000	315000
	合计	13404861	6926586	6075114	402561
2005	吉林	2817605	1536571	1258844	22190
	辽宁	6470142	3292344	3070751	107047
	黑龙江	5600000	2250000	2535000	385000
	合计	14887747	7078915	6864595	514237
2006	吉林	3100000	1650000	1400000	50000
	辽宁	7509776	4050407	3306946	152423
	黑龙江	5600000	2600000	2590000	410000
	合计	16209776	8300407	7296946	612423
2007	吉林	3416500	1827000	1448800	140700
	辽宁	8024208	4643457	3275337	105415
	黑龙江	5700000	2700000	2780300	219700
	合计	17140708	9170457	7504437	465815

续表

年份	省份	总产量	配合饲料	浓缩饲料	预混合饲料
2008	吉林	3563181	1952237	1525246	85698
	辽宁	8972037	5447838	3423835	100364
	黑龙江	6000000	2950000	2800000	250000
	合计	**18535218**	**10350075**	**7749081**	**436062**
2009	吉林	4250002	2423363	1746933	79705
	辽宁	10383408	6470501	3691287	221620
	黑龙江	6304000	3126000	2923000	255000
	合计	**20937410**	**12019864**	**8361220**	**556325**
2010	吉林	4238842	2686752	1473090	79001
	辽宁	11230731	7232680	3797767	200284
	黑龙江	6572000	3277000	3032000	263000
	合计	**22041573**	**13196432**	**8302857**	**542285**
2011	吉林	4603686	2992721	1562928	48037
	辽宁	12161991	8216669	3701190	244133
	黑龙江	6829000	3475000	3086000	268000
	合计	**23596477**	**14684390**	**8350118**	**560170**
2012	吉林	4817183	3238908	1530107	48168
	辽宁	13262833	9493345	3562466	207022
	黑龙江	7056005	3561110	3228800	266095
	合计	**25136021**	**16293363**	**8321373**	**521285**
2013	吉林	5108305	3427632	1632325	48348
	辽宁	13793334	9832437	3724463	236434
	黑龙江	7389371	3643786	3472342	273243
	合计	**26291010**	**16903855**	**8829130**	**558025**

资料来源：根据《中国饲料工业年鉴》整理。

2003年，东北地区饲料总产量1234万吨。其中，配合饲料产量为618万吨，浓缩饲料产量为580万吨，添加剂预混合饲料产量为35.8万吨。

2013年，东北地区饲料总产量达到2629万吨。同比增长4.6%。其中配合饲料1690万吨，同比增长3.7%。浓缩饲料882.9万吨，同比下降0.6%。添加剂预混合饲料55.8万吨，同比增长7.1%。

2013年，配合饲料、浓缩饲料、添加剂预混合饲料产量占总产量比重分别为84.3%、12.4%、3.3%，与上年相比，配合饲料占总产量比重提高0.2个百分点，浓缩饲料下降0.3个百分点，添加剂预混合饲料提高0.1个百分点。配合饲料、浓缩饲料、添加剂预混合饲料三者比例为25.7∶3.9∶1，上年度为26.4∶4.0∶1。

二、东北地区饲料产业供给特征分析

未来，我国总人口仍将处于上升的趋势，随着经济的发展，人民生活水平的提高，畜产品的消费数量会大量增加，质量也会大幅度提升。东北地区乃至全国饲料资源总体上仍处于短缺状态。从东北地区的情况看，饲料产量总体增速明显，但饲料生产结构不够合理，饲料生产以混合饲料和单一饲料为主，浓缩饲料、预混合饲料和精饲料的补充料在饲料生产中所占的比例不高，仍停留在以生产混合饲料和单一饲料为主的阶段，饲料的利用率不高，畜禽的饲喂质量与国内发达地区和国际先进水平有很大差距。具体表现如下：

（一）饲料产量总体增速明显

根据2003～2013年东北地区的饲料产业的生产情况来看：2003年的饲料总产量为1200余万吨，到2013年增加到2600余万吨，从图3-1可以看出，东北地区饲料产品产量呈现逐年上升趋势，并且总体增速明显。

（二）饲料产品结构不够合理

从2003～2013年的统计数据看，东北地区饲料产品主要由配合饲料、浓缩饲料、添加剂预混合饲料组成。配合饲料和浓缩饲料呈缓慢上涨趋势，添加剂预混合饲料2003～2006年处于上涨趋势，在2006年达到产量最高，但从2006年产量开始大幅下降，2010年开始产量又有所回升。从产品结构看，配合饲料的比例最大，其次是浓缩饲料，预混合饲料所占的比重最小。

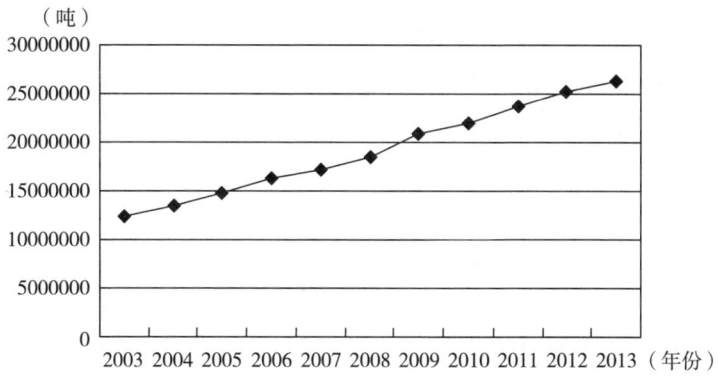

图3-1　2003~2013年东北地区饲料总产量走势

（三）饲料原料价格波动频繁

受国际、国内市场因素影响，原料价格波动是影响东北地区饲料产品价格变化的主要因素。如玉米、豆粕年度均价，2009年之前玉米均价稳定在1.72元/千克左右，自2010年开始大幅上涨至2.01元/千克，涨幅16.9%；2011年上涨至2.30元/千克，2012年涨至2.48元/千克，到2013年玉米价格虽有所回落，但仍处于高位，2013年1~12月玉米均价为2.42元/千克，年均上涨幅度近10个百分点。豆粕方面，2006年以前豆粕年均价稳定在2.4元/千克左右，2007~2008年豆粕价格开始大幅上涨，达到3.55元/千克，涨幅达47.9%；自2009年至2011年价格3.36元/千克左右的高位区间呈现波动起伏行情；2012年上涨至3.74元/千克。2013年豆粕价格延续上涨行情，1~12月累计均价已涨到4.15元/千克，创下历史高位纪录。

（四）饲料企业运行成本加大

近年来，企业的综合经营费用逐年上涨，人工、电力、煤气等综合成本居高不下。以2013年为例，东北地区的饲料企业2013年前三季度销售费用、管理费用、财务费用分别占营业成本的3.52%、3.19%、0.69%，2012年，三者同期比重为 3.03%、2.72%、0.51%，2011 年为 3.02%、2.65%、0.58%。再加上玉米、豆粕等饲料原料价格持续上涨，东北地区的饲料企业总成本上涨，收益下降，企业的利润空间进一步缩小。

(五) 饲料企业着手整合升级

近年来，更多的饲料企业开始努力寻求机会并着手进行升级改造。有的企业从设备改造升级着手，努力建立标准化生产方法，改造生产条件，按照国际化的标准组织生产，以此来满足新的饲料法规对饲料生产条件的要求，提高企业的竞争力；有的企业从规模生产角度入手，强强联合，进行企业重组，或者是小小联合，联营生产，使企业的规模化程度提高，管理更加规范化。通过上述手段来达到共同生存共同发展的目的，也推动了饲料行业的转型和提升。一批企业经过资源重组和整合后，降低了成本、提高了生产率，技术水平得到大幅提升，走上了健康良性的发展道路。

三、饲料供给的影响因素分析

(一) 饲料产业的上、下游产业发展直接影响饲料供给

如前所述，东北地区饲料的主要原料是玉米和豆粕，玉米和大豆的种植面积、产量以及国内国际市场价格对饲料的产量产生直接影响。近年来，国内玉米和大豆的供给不足，东北地区虽然为这两类农作物的主产区，但部分产品运到了其他地区或出口到国外，再加上价格的波动，使东北地区饲料生产的波动变得常态化。

下游的养殖业受国家宏观经济环境和政策调整的影响较大，当宏观经济减速慢行时会影响到各个行业，养殖业也不例外。养殖业的低迷直接影响到饲料产业，使饲料产业的供给大大减少。相反，当宏观经济快速发展时，人民的收入提高，对畜产品的需求会增加，从而达到养殖业乃至饲料产业的供给

此外，国家相关政策的调整也会直接影响饲料生产。如中央"八项规定"的提出，大力倡导厉行节约，反对奢侈与浪费，由此浪费性消费减少，畜产品浪费的泡沫被挤压到正常消费的状态。受这一大环境的影响，饲料产品的供给减少。

（二）食品安全及公共卫生事件影响饲料供给

近年来，食品安全及公共卫生事件频出，"苏丹红鸭蛋""健美猪""疯牛病"等不断曝出的以畜产品为主的食品类负面新闻，打击了消费者对畜产品质量安全的信心，畜产品的整体消费水平受到严重影响，正常的畜产品消费被抑制，对畜禽养殖及产品产销造成严重冲击，养殖市场受到挤压，需求减少，每一次事件的代价都是畜禽养殖业的一片萧条。作为上游的饲料产业，只能以减少供给来进行应对。

（三）成熟期畜牧业的减速发展影响饲料供给

我国畜牧业发展迅速，到 2005 年前后，畜牧业已经跨过快速增长期进入成熟期，成熟期以后的主要任务是产业结构调整及产品品质提升。在未来 10 年间，饲料产业仍然能享受产业结构调整及产品品质提升所带来的增长，但增速会逐渐减缓。以近三年情况看：2014 年畜牧业同比增长 7.2%，2013 年同比增长 9.5%，2012 年同比增长 10.4%。畜牧业的减速发展直接影响饲料的供给，从近三年东北地区的饲料总产量和单一及复合饲料产量情况看，饲料供给受到的影响较大。

总之，在经济快速发展的背景下，人民生活水平不断提高，人口数量也在增加，未来的食品消费数量还将继续增加，人们对食品的质量要求也会进一步提升，尤其是畜禽类食品的消费将在食品消费中占有越来越重要的地位，从而未来的饲料消费也将增加。这对饲料生产的安全和工艺规程及标准要求也将更高，对饲料企业的发展提供了机遇的同时也提出了挑战。根据以上的调研分析情况看，2016~2020 年东北地区饲料粮的消费和供给都将保持不断增长的趋势。也就是

企业市场分析与竞争力研究

说,饲料的需求和供给都会持续上升,这也是经济迅速发展、人口持续增长、人民生活水平提高所形成的必然结果。经济快速发展,使国民收入不断提高,人均收入大幅度提高,带动了食品消费尤其是肉类食品消费的增长;人口的持续增长使粮食以及畜产品的消费量不断增加;生活水平的提高使居民的饮食结构发生改变,谷类食品在饮食结构中的消费下降,畜禽等肉类食品消费上升,粮食消费中的饲料粮的比重上升,口粮比重下降,饲料粮产量和饲料产量迅速增长;农业结构调整在未来会继续进行,畜牧业生产的比重逐渐上升,给饲料产业的发展创造了非常好的机遇,供给和需求都有大幅上升的空间。

东北地区饲料的需求量和供给量的缺口一直存在,而且越来越大,饲料的生产并不能满足消费需求。因此,东北地区饲料产业的发展在未来的几年内在数据上表现为供不应求,但饲料的质量和喂养效率,饲料企业的科技创新能力、生产效率、规模效益都有待提升,饲料企业的未来发展之路任重而道远。

第四章 东北地区饲料加工业市场结构分析

自 20 世纪 70 年代至今,东北地区饲料加工业得到了迅速的发展,并取得了很好的成绩,但也面临着众多问题,比如产业集中度较低、差别化程度低、进入壁垒低等问题。从产业经济学的角度来看,对一个产业的分析应该深入分析其市场结构,合理的市场结构是进行有序市场竞争、增加饲料加工业效率和绩效的关键因素。本章主要从市场结构的内涵即产业集中度、差别化和进入壁垒的角度研究大中小型饲料企业的成长性,得出东北地区饲料企业的市场结构特征,进而分析东北地区饲料加工业内企业之间以及企业和消费者之间的关系和特征,从而规范市场,促进饲料加工业的健康有序发展。

市场结构是指一个市场上各种关系的要素和特性,主要包括卖者与卖者之间、买者与买者之间和卖者与买者之间的相互关系。其中卖者主要指企业,买者指消费者。一般情况下,产业经济学界习惯依据卖方来对现有的产业进行分类,主要是因为卖方市场比较集中,资料相对而言更容易获得。除少数特殊产业外,买方市场一般比较分散,资料不容易获得。本章主要从卖方也就是企业角度来界定市场结构,从市场集中度、产品差别化、进入退出壁垒这些构成要素角度研究东北地区饲料加工业的市场结构特征和表现。

第一节　东北地区饲料加工业的市场集中度

市场集中度一般是用排名前几位的企业的某一指标占该行业总量的百分比来表示，指标通常是指生产量、销售量、资产总额等方面。它是与产业组织理论中的垄断竞争关系和资源配置情况息息相关的概念，主要反映了市场的垄断竞争程度。通常情况下，一个企业市场集中度的高低，决定了它在该市场上的地位和对市场的支配能力，标志着企业的形象。市场集中度指标主要有：行业集中度（CR_n）、赫芬达尔—赫希曼指数（HHI）、洛伦兹曲线、基尼系数、熵指数等。其中经常被使用的两个指标是绝对集中度（CR_n）与HHI。具体到某一产业时，可以依据研究目标的不同来灵活地选择具体的衡量方法。

一、市场集中度的主要测算方法

（一）行业集中度 CR_n

该指标又称市场集中度，是指特定行业中排名前 N 家的企业所占的市场份额（销售量、产值、职工人数、产量、资产总额等）的总和，是对整个行业的市场结构集中程度的衡量指标，是对行业内规模最大的前几位企业集中情况的反映。这一指标具有确定的经济含义，而且数据和资料不难获得，是衡量市场集中度最为常用的一种衡量指标。其计算公式为：

$$CR_n = \sum (X_i)_n / \sum (X_i)_N \quad N > n$$

式中，CR_n 表示规模最大的前几家企业的行业集中度；X_i 表示第 i 家企业的产值、产量、销售额、销售量、职工人数、资产总额等；n 表示产业内规模最大的前几家企业数；N 表示产业内的企业总数。

通常 n=4 或者 n=8，此时，行业集中度就分别表示产业内规模最大的前四家或者前八家企业的集中度。行业集中度指标虽然数据容易取得，经济含义明确，但是也有一些缺陷：第一，分析问题角度不够全面，只分析了排名前四位或前八位的几家企业中市场份额的集中情况，而忽略了对该产业中其他企业的考察。第二，行业集中度只分析了企业规模分布的一个方面，它是通过对规模排名前四位或前八位的企业进行分析而获得的，这种方法缺少对这些企业之间结构的考察。虽然有这些缺陷，行业集中度指标仍然是研究产业集中情况最常用的指标。

（二）赫芬达尔—赫希曼（HHI）指数

赫芬达尔—赫希曼（HHI）指数简称赫芬达尔指数，是一种衡量产业集中度的综合指数。它是指一个行业中各市场竞争主体所占行业总收入或总资产百分比的平方和，它用来计量市场份额的变化，即市场中厂商规模的离散度。赫芬达尔指数既能全面反映产业内所有企业数量和规模分布的情况，又能反映排在前几名的几家大企业对集中度的贡献程度，舍弃了行业集中度方法的缺点，而保留了它的优点。

赫芬达尔指数的计算有以下几步：

第一，取得竞争对手的市场占有率，把过小的竞争对手忽略掉。

第二，把取得的市场占有率进行平方。

第三，把这些平方值求和。

其公式为：

$$HHI = \sum_{i=1}^{N}(X_i/X)^2 = \sum_{i=1}^{N} S_i^2$$

式中，X 表示市场的总规模；X_i 表示 i 企业的规模；$S_i = X_i/X$ 表示第 i 个企业的市场占有率；N 表示该产业内的企业数。

二、东北地区饲料加工业集中度测算

由于东北地区饲料加工业中的企业数量庞大,为了使分析的结果更接近实际,可信度更高,本书采用 CR_1、CR_4、CR_8、CR_{10} 和赫芬达尔—赫希曼指数(HHI 指数)来衡量。

(一)行业集中度 CR_n 的衡量

在衡量行业产业集中度指标时,本书采用 2014 年东北地区饲料企业的总产量作为衡量饲料企业市场占有情况的指标。表 4-1 反映了 2014 年东北地区饲料企业总产量排名以及产能第一位、前四位、前八位和前十位企业所占市场份额情况。其中,行业总产量为 2629 万吨。

表 4-1 2014 年东北三省企业总产量排名   单位:万吨

排名	企业名称	企业总产量	市场份额
1	黑龙江新中旭牧业(集团)股份有限公司	32	0.0121
2	哈尔滨远大牧业有限公司	28	0.0106
3	哈尔滨青禾科技公司	24	0.0091
4	辽宁禾丰牧业股份有限公司	22	0.0084
5	吉林富康牧业有限公司	20	0.0076
6	哈尔滨大北农有限公司	16	0.0061
7	吉林华隆	15	0.0057
8	大连联丰饲料公司	15	0.0057
9	哈尔滨英瑞斯饲料公司	10	0.0038
10	辽宁富裕科菲特	10	0.0038

资料来源:《中国饲料工业年鉴》和《黑龙江省饲料年鉴》整理而得。

从表 4-1 可以看出,$CR_1 = 1.21\%$,$CR_4 = 4.03\%$,$CR_8 = 6.54\%$,$CR_{10} = 7.30\%$。而对东北地区饲料加工业市场集中度的结果进行评价,主要参考美国学者贝恩对产业垄断和竞争类型的划分及实例(美国)。

表 4-1 反映了东北地区饲料加工业中 CR_1、CR_4、CR_8 和 CR_{10} 的市场份额情况。从 2004 年到 2014 年,饲料加工业实现"井喷式"的增长,总产量实现了从 13404861 吨增长到 26291010 吨。根据对行业内企业的调查情况,对饲料加工业大中小型企业进行对比,可以得出以下结论:

(1) 大型饲料企业所占市场份额分布比较均衡,中小型饲料企业与大型饲料企业的分布差距较大,而中小型饲料企业之间的市场份额分布又趋于均衡,其中中小型饲料企业市场份额所占的比重越来越大。

(2) 大型饲料企业的均衡程度在逐步减少,而中小型饲料企业的均衡程度在放大。

(3) 从东北地区饲料加工业集中度情况来看,该地区饲料加工业内大企业数量不多,中小企业数量众多,存在着少数大型饲料企业与众多中小型饲料企业并存的状态。

对东北地区饲料加工业集中度的衡量结果进行评价可以参考美国学者贝恩对产业垄断和竞争类型的划分及实例,如表 4-2 所示。

表 4-2 贝恩对产业垄断和竞争类型的划分

类型		C_4	C_8	该产业企业总数	列入该类型产业
Ⅰ. 极高寡占型	A	>75%		20 家以内	轿车、电解铜、氧化铝
	B	>75%		20~40 家	卷烟、电灯、石膏制品、平板玻璃
Ⅱ. 高集中寡占型		65%~75%	>85%	20~200 家	轮胎、洋酒、变压器、洗衣机
Ⅲ. 中(上)集中寡占型		50%~65%	75%~85%	较多	粗钢、钢琴、轴承
Ⅳ. 中(下)集中寡占型		35%~50%	45%~75%	很多	使用肉类制品、壁纸、杀虫剂
Ⅴ. 低集中寡占型		30%~35%	40%~45%	很多	面粉、男式鞋、女式鞋、水果和蔬菜罐头、涂料
Ⅵ. 原子型		<30%		极多,不存在集中	妇女服装、纺织、木制品中的大多数

资料来源:杨公朴,夏大慰. 产业经济学教程 [M]. 上海财经大学出版社,2013.

参照贝恩的 6 等级市场结构标准,东北地区饲料加工业指标 2013 年 $CR_4 = 4.03\%$,$CR_8 = 6.54\%$,都远远小于 30%,是典型的原子型市场结构,以上均说明了东北地区饲料加工业是低集中竞争性产业。

(二) 赫芬达尔—赫希曼(HHI)指数的衡量

利用 HHI 指数的计算步骤,选择东北地区饲料企业 2004 ~ 2013 年的营业收入数据,计算得到表 4 – 3。由表 4 – 3 可知,2004 ~ 2013 年的 HHI 指数在 0.0042 ~ 0.0078 波动,说明东北饲料加工业处于分散的市场状态。在东北地区的饲料行业中,中小型饲料企业进入频繁,饲料产量的不断增加主要是由中小企业贡献,大企业对行业 HHI 指数的贡献并不明显。市场内出现一种特殊的现状:在大型饲料企业规模不断扩大时,中小饲料企业也在不断增加,并不断占据市场的绝对份额,整个市场呈现出分散经营的态势。

表 4 – 3　2004 ~ 2013 年东北地区饲料业销售收入 HHI 指数

年份	2004	2005	2006	2007	2008	2009	2010	2011	2012	2013
HHI 指数	0.0068	0.0078	0.0060	0.0055	0.0042	0.0055	0.0050	0.0071	0.0101	0.0064

以 HHI 值为基准的市场结构分类:

通常情况下,HHI 值在 0 ~ 1 波动,但表示方法通过把其值与 10000 相乘而使其放大,因此 HHI 值在 0 ~ 10000 波动。利用 HHI 作为评估某一产业集中度的指标是美国司法部通常使用的指标,同时制定出如下的标准(见表 4 – 4)。

表 4 – 4　以 HHI 值为基准的市场结构分类

市场结构	寡占型				竞争型	
	高寡占 I 型	高寡占 II 型	低寡占 I 型	低寡占 II 型	竞争 I 型	竞争 II 型
HHI 值	HHI > 3000	3000 > HHI > 1800	1800 > HHI > 1400	1400 > HHI > 1000	1000 > HHI > 500	500 > HHI

根据表 4 – 4 的标准,东北地区饲料加工业的 HHI 值 2011 年、2012 年和 2013 年分别为 71、101 和 64。远低于 500,所以东北地区饲料加工业属于竞争 II

型，是低集中度、高度竞争的产业。

第二节 东北地区饲料产品差别化

产品差别化是指在特定市场上，企业以其与众不同的产品或服务与其他同类产品或服务相区别，使消费者认为这些产品与其他同类产品之间存在差异而产生不同的偏好。产品差别化是产业组织理论中的一个重要指标，是市场结构的一个重要构成要素。通常情况下，产品差别化程度决定着对市场的控制程度。在非极端的市场环境下，市场上普遍存在着产品差别化。企业如果有了差别化的产品，企业就有了对市场绝对的垄断权，而这种垄断权就是该区域的竞争优势，它形成了对其他同类企业的进入壁垒。并且，差别化的产品更能引导消费者对该产品的偏好与忠诚。这样，一方面，进入者必须花费高昂的代价和成本才能进入市场；另一方面，又能够使同一市场上本企业与其他相关企业区分出来，可以通过产品差别化的竞争手段来掠夺市场上的有利地位。所以，产品差别化已经成为企业参与市场竞争的重要手段。

经过多年的发展，无论是大企业还是小企业，都已经掌握了较为先进的饲料加工技术，品质上的差别并不大，而养殖业虽然地域不同，如东北地区养殖业以牛、羊、猪、家禽等畜禽养殖为主，对饲料品种的需求相对固定，因此要做到传统意义上的产品品种和品质上的差别化很难。尤其是东北地区的中小企业众多，经过对东北地区中小企业的实地调研总结出，东北地区的各类饲料加工企业主要是通过服务差别化、心理差别化、市场定位差别化策略来进行市场竞争。所以对东北地区饲料加工业差别化的研究应主要从服务环节、通过广告来引导消费者的心理、市场的细分定位等角度来分析其差别化特征。

一、饲料产品服务差别化

所谓服务差别化，笼统地说就是面对不同的客户需求，使用多种业务推广方法，提供不同的产品和服务。具体表现在服务内容上的差别、服务手段上的差别、服务文化上的差别等。服务差异化的目的是让自己的服务有别于竞争对手，并战胜竞争对手，从而通过服务的差别化策略在市场上取得竞争优势。服务差别化策略的实施要从以下几个方面入手：第一，知己知彼，梳理目标市场上现有的服务现状，了解竞争对手采取的服务类型，有什么优势，结合自己的服务策略和市场上的竞争对手进行对比分析，找出自己的优势和劣势。第二，根据调查的结果，再结合自己的优势和竞争对手的劣势，开发高水准、多品种的服务项目，满足不同层次客户的需求。第三，将目标客户进行分类，按照客户的规模大小、品牌状况、社会认可度等标准将客户进行分类，针对不同类别的客户推出不同的服务项目。第四，对提供服务的员工进行专业培训，随着工业自动化程度的提高，许多传统的岗位被机器所取代，但针对多样化的目标客户提供高水准的服务还是需要由训练有素的专业服务人员来完成。企业要制定完整持续的服务员工的专业培训计划，设立专门的培训经费，尤其是对中小企业而言，更为重要。第五，建立系统的服务质量管理评价体系，通过定量和定性的评价标准对服务品种、员工培训、过程管理、服务质量、客户反馈等方面进行综合评价，这对大企业尤为重要。

东北地区的饲料加工企业的服务差别化策略同样采取以上手段来进行，但大企业和中小企业的策略有所不同。对于现在规模较大的饲料企业，例如大北农、正大、新希望等饲料集团等，除了拥有比较完善的销售网络体现差别化之外，自身的良好的服务体系的建立也是提高市场竞争力的保障。例如，正大集团依据企业确立的养殖理念："产出 =（遗传 + 环境 + 营养）× 管理"，建立了良好的服务体系，正大公司开展的所有终端服务，都是紧紧围绕着这一理念展开的。大型的饲料企业一般会建立专门的标准化服务部门,从上到下形成独立的组织机构,建立严格的服务管理制度,所有的服务过程必须严格按照制度进行,并借助计算机网络平台建立服务管理和评价体系,实行规范化的管理。吉林省兴华饲料集团、哈尔滨东大牧业有限公司采取业务员、专职售后服务人员、集团技术研发中心三级服务体系。因此,东北地区的大型饲料企业在服务差别化方面有自己的竞争优势。

而对于中小型饲料企业来说,由于自身条件的限制,多数没有实力建立独立和完善的服务系统,但通过准确的目标客户群的定位、细致和高水准的服务、面对面的直销模式提供更好的服务,赢得客户的信任,并且能够更容易地了解市场需求;面对面的直销模式是东北地区的中小型饲料加工企业普遍采取的模式,这种模式是营销与服务合二为一的一种模式,业务员也是服务人员,一方面要面对面地推销产品,另一方面要进行具体的产品使用指导,还需要定期回访、反馈信息。针对不能直接接触到的最终消费者,如目标客户为批发商,就意味着不能直接得到消费者的反馈信息,对市场需求不能完全了解,提供有关产品的服务会有些力不从心,这样的中小型饲料企业往往通过会员营销等方式来进行弥补。

二、饲料产品心理差别化

饲料产品心理差别化的最重要影响因素是品牌的认可度和忠实度。东北地区养殖业的客观情况是养殖规模较小并且相对分散,工业饲料的利用率达不到50%,而且对于正在使用工业饲料的养殖户,价格仍然是他们最关心的因素;其次是饲喂效果,品牌饲料虽然质量好,但价格也高,所以养殖户对品牌饲料的认可度和忠实度很低,这也是许多小型饲料生产企业即使有各种不足,但依然在市场中大量存在的主要原因。但随着人们收入的增加,生活质量不断提升,消费者越来越关注食品安全问题,从而使养殖户也慢慢开始对饲料购买成本和风险之间的联系有所关注,认识到养殖的长期效益和品牌价值。并且饲料生产企业也逐渐注重品牌策略的实施,为了提高产品的竞争力和实现企业的发展目标,品牌越来越受到饲料生产企业的重视,也意识到了它已经是饲料产品差异化的一个不可或缺的因素。

广告也是形成产品心理差别化的主要途径。饲料品牌战略的主要手段也是广告。但是饲料产品的广告行为方式与其他食品行业区别较大,饲料产品的购买者不是一般的消费者,而主要是养殖户,消费群体比非常单一。所以,饲料企业选择的广告媒介也比较单一,一般选择专业的媒体上如电视的农业频道、农业网站、报纸、杂志和农业博览会等现场媒介是其广告宣传的主要平台。从有关数据可知,全国饲料企业在销售费用中,广告支出仅占据5%,由此也可以得出饲料企业实施品牌战略的积极性不高的结论。

根据日本经济学家植草益提出的关于广告费支出与产品差别化程度之间关系的分类方法:产品差别化极高的产业是指广告密度(广告费用支出与商品销售额的比率)≥3.5%,或者广告费用的绝对数额大于20亿日元的产业。以2013年为例,利用植草益的方法计算东北地区饲料加工业的产品差别化程度,2013年的销售收入为659亿元,销售费用支出为5.78亿元,以5%计算广告支出为0.29亿元,那么广告密度就是0.04%,远远低于3.5%的标准,由此得出结论:东北地区饲料加工业属于产品差别化程度比较低的产业。

三、市场定位差别化

准确的市场定位是清楚地了解消费者的市场需求的关键,这首先需要对市场进行细分。细分后的市场目标更具体,企业可以针对具体的目标市场确定自己的目标对象,制定合理的经营策略。而且市场细分之后,一旦消费者的需求发生变化,企业能在最短的时间内捕捉到信息,并能及时反馈到企业,企业可以快速改变经营策略,应对市场上发生的新变化,提高企业的竞争能力。双胞胎集团就是一个典型的例子。它以乡镇为单位将市场划分为若干单位,选择一个好的区域负责人和若干技术服务人员,先做好一个乡镇,做深做透,然后通过口碑和影响,再做相邻乡镇。先从一个乡镇开始，再到一个县，到一个地区，到一个省。采用这种复制的商业模式在饲料细分市场上做深做透。2012年，该企业有服务人员1300多人，采购人员100多人，有人专门收集行情，有人专门询价，有人专门下单，分工明确细化。

东北地区的饲料大企业一般都有明确的市场定位，在产品的品种、销售渠道、客户分类方面都有详细的划分，都有自己明确的产品市场范围，并确定了明确的营销策略。如黑龙江新中旭牧业（集团）股份有限公司采取"实证数据营销＋会议营销"模式，吉林省德泰饲料科技发展有限公司采取"自有营销团队＋加盟"模式，哈尔滨东大牧业有限公司注重知识营销、服务营销、体验式营销等。

东北地区的中小企业和其他地区的差别不大，地理位置往往成为市场细分的依据，他们一般会选择客户较为集中的地区作为目标，这样可以面对面对推销产品，节约时间和运输费用，从而降低推销成本。中小企业经营中的示范作用明显，当一个企业的产品和市场优势明显时，其他企业往往盲目进行模仿和跟从，没有自己明确的市场定位。盲目的模仿和跟从往往意味着企业没有差别化的优势，在竞争中处于不利的地位。

四、产品差别化对市场集中度的影响

产品差别化对饲料市场的集中度影响很大，一方面，实现产品差别化的饲料企业可以吸引消费者，引导消费者的消费偏好，创造新的消费需求，致使差别化企业的市场容量增加，差别化企业往往是大中型企业，市场容量的增加反过来会促进市场集中度的提高；另一方面，实行产品差别化战略的企业，对产品的品种和质量等方面进行改进，再通过进行广告宣传等方面的差别化后，竞争力提升，一定程度的进入壁垒会形成，也就有可能实现规模经济。按照产业组织理论的观点，一般情况下，产品差别化的程度越大，市场集中度就越高。但是，近年来也有很多学者对此提出质疑和争论：为了实现差别化，大小企业都不同程度地增加广告费用,事实上是使消费者对替代品的信息掌握程度增加了,消费者对于差别化产品的偏好被分摊到其他同类商品时,市场集中度就降低了。因而,在判定产品差别化对市场集中度作用程度方面,应根据具体行业的特点进行深入分析。在分散经营的原子型市场环境下,大中型饲料企业和小型饲料企业要根据各自的经营目标,采用不同产品层面的差异化策略。

第三节 东北地区饲料加工业进入壁垒

进入壁垒是构成市场结构的重要元素,是指产业内的现有企业与潜在进入者和新企业相比,所拥有的某种优势的程度。换句话说,是指潜在进入企业和新企业若与在位企业竞争可能遇到的各种不利因素。进入壁垒对既有的企业有较强的保护作用,潜在进入者要想进入市场一定要越过这个壁垒。一般来说,新企业为了争夺市场,进入市场时会造成产品价格的下降,对在位企业是一种威胁,尤其是其盈利能力会下降,在位企业为了保持它的优势,会想方设法排挤和限制新企业的进入。因此市场竞争是多元化的,包括卖方之间的竞争、在位企业同新进入企业的竞争、在位企业和潜在企业之间的竞争。对于在位企业来说,潜在企业要想成为新进入企业,一定要突破进入壁垒的门槛,否则,潜在性威胁不能变成现实威胁。进入壁垒的高低决定了潜在企业成为新企业机会的多少,通常情况下,进入壁垒越高,机会就越少。同时,既有企业受到的威胁就越少,市场份额保留得越多,市场的集中度越高。

根据壁垒形成的原因不同,进入壁垒可以划分为结构性进入壁垒、成本性进入壁垒和政策性进入壁垒。由于东北地区的饲料加工业的政策壁垒基本不存在,所以本书仅论述结构性进入壁垒和成本性进入壁垒两种情况。

一、结构性进入壁垒分析

结构性进入壁垒是指由一些结构性因素所形成的壁垒，主要包括技术水平、资源禀赋条件、经济法律制度以及消费者偏好等。结构性进入壁垒通常包括三种类型：规模经济壁垒、必要资本量壁垒和绝对费用壁垒等。以下以规模经济壁垒为例进行分析。规模经济壁垒是结构性进入壁垒的最主要类型，是指在某一产业中，新企业实力有限，还没有获得一定的市场占有率，没有形成规模经济，没有达到生产成本最低的状态，其生产成本依然比较高。新企业在进入市场的初期一般经营比较困难，很难在市场竞争中处于优势。

东北地区饲料企业规模总量变化如下：从 2004 年到 2014 年，东北地区饲料生产企业的总产量由 1234 万吨增加到 2349 万吨，增长了约 90%；销售收入由 289 万元增加到 661 万元，增长了约 128.7%；行业从业人员由 5.47 万人增加到 6.18 万人，增长了约 12.98%（见表 4-5）。由此可以看出，在饲料企业数量增加中，饲料加工企业增长幅度比较大。

表 4-5 2004~2014 年东北地区饲料企业规模总量变化

年份	总产量（吨）	销售收入（万元）	从业人数（人）
2004	12343425	2888493	54700
2005	14757747	1902096	56442
2006	17119145	3610519	60256
2007	15496409	3796274	62225
2008	18835218	4272897	54606
2009	20937409	5079125	54437
2010	22041574	5611687	57525
2011	23594678	6484101	60072
2012	24252511	6564112	61236
2013	23351717	6598302	61345
2014	23488406	6605432	61843

资料来源：由《中国饲料工业年鉴》《中国工业企业数据库》数据计算而得。

通过表4-6可以看出，年产5万吨以上的企业数目大幅增加，2005~2013年，这类企业的数目增长了2.8倍，而各类饲料生产企业的数量增长了不到1.2倍，很显然，前者的增长速度明显高于后者，年产5万吨以上的饲料企业数量逐年增加。从20世纪90年代末期开始，东北地区饲料生产企业的发展速度开始放缓，饲料产品单位利润率开始降低，市场竞争越发激烈，大企业和大企业、大企业和小企业之间的重组兼并力度加大，饲料生产企业数目从2007年开始有所减少，2011年以后有所缓慢上升。但在这个时间段内，年产5万吨以上的饲料企业仍然保持着很好的增长势头，说明有一些饲料生产企业已经逐渐成为行业的龙头企业，这些企业基本都是大型企业，有着雄厚的资金实力和优良的管理制度，饲料生产企业的规模化程度在加强。

表4-6 2005~2013年产5万吨以上企业生产数目变化情况

年份	2005	2006	2007	2008	2009	2010	2011	2012	2013
年产5万吨以上企业数目	129	132	135	156	174	180	306	363	369
企业总数目	2330	2703	2568	2217	2011	2476	2646	2508	2527
占企业总数的比例	5.5%	4.9%	5.3%	7.0%	8.7%	7.3%	11.6%	14.5%	16.6%

资料来源：根据《中国饲料统计年鉴》《中国饲料工业年鉴》《中国工业企业数据库》数据整理计算而得。

二、成本性进入壁垒分析

成本性壁垒是指在位企业与新进入企业和潜在进入企业相比有明显的成本优势，从而使新进入企业和潜在进入企业进入该市场有难度。总体上来讲，饲料加工业的成本性壁垒一般应该具备如下条件：①原料获取相对容易，主要表现在产地获取或就近获取；②有相对稳定的市场，即一定规模的养殖户；③拥有一定规模的加工企业，能够发挥规模经济的作用。

在东北地区养殖业的分散经营状态下，虽然是我国粮食的主要生产区，生产原料的获得相对容易，但一定规模的养殖户和规模性企业的条件不足；养殖户较为分散，饲料加工企业以中小企业居多，因此东北地区饲料加工业的成本性进入壁垒较低，企业进入和退出行业比较容易。图4-1验证了以上结论。

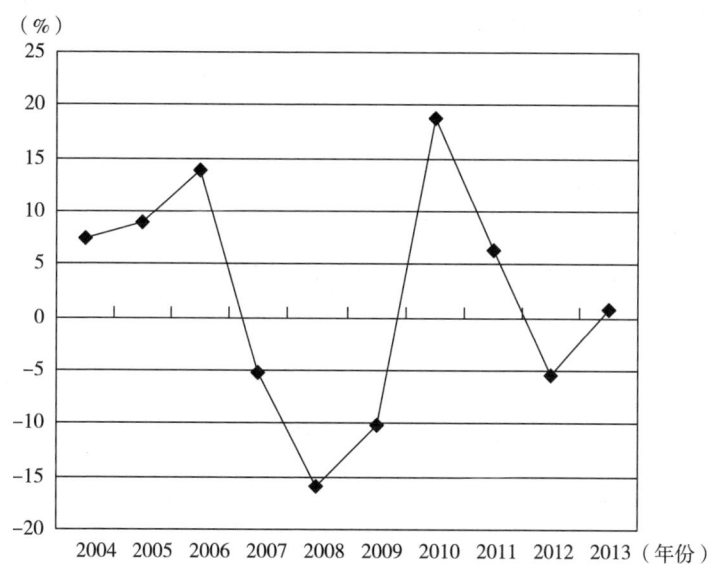

图4-1　东北地区饲料加工企业进入（退出）率变化情况

第四节　东北地区饲料加工业市场结构特征

未来，我国总人口仍然处于上升的趋势，随着经济的发展，人民生活水平的提高，畜产品的消费数量会大量增加，质量也会大幅度提升。东北地区乃至全国饲料资源总体上仍处于短缺状态。从东北地区的情况看，饲料产量总体增速明显，但饲料生产结构不够合理，饲料生产以混合饲料和单一饲料为主，浓缩饲料、预混合饲料和精饲料的补充料在饲料生产中所占的比例不高，仍停留在以生产混合饲料和单一饲料为主的阶段，饲料的利用率不高，畜禽的饲喂质量与国内发达地区和国际先进水平有很大差距。具体表现如下：

到目前为止，东北地区饲料加工业经过长期发展和激烈的竞争，已逐步形成了竞争的市场格局。具体为：少数大型企业集团主导，区域性市场为中型企业占据，大批小企业在市场中并存。近几年来，饲料加工业的市场集中度呈缓慢上升趋势，整体变化不大，在大型企业规模不断壮大的同时，众多小企业也在不断进入市场。产业结构表现为以下特征：

一、饲料产量总体增速明显，但市场集中度偏低

根据2003~2013年东北地区的饲料加工业的生产情况来看：2003年的饲料总产量为1200余万吨，到2013年增加到2600余万吨，从2003~2013年饲料产品总产量走势可以看出，东北地区饲料产品产量逐年呈现上升趋势，并且总体增速明显。

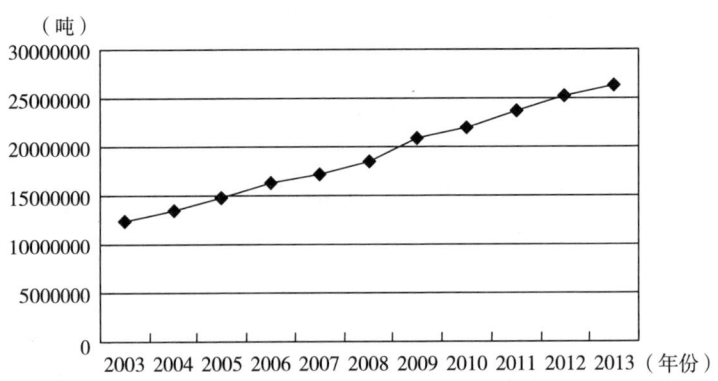

图4-2 2003~2013年东北地区饲料总产量走势

尽管近几年东北地区饲料加工业的集中度有上升的趋势，但市场集中度整体偏低的状态在未来相当长的时间还会持续。除了少数大企业领导市场外，90%以

上的饲料企业是小型企业甚至是小作坊。种植业和养殖业的分散经营是饲料加工业上下游经营的主要特征，这使处于中间环节的饲料加工业的小规模分散经营变得非常普遍。而且饲料加工业本身的进入及退出壁垒偏低也是东北地区饲料加工业集中度低的主要原因。

二、资金、技术和政策性壁垒低

相对于其他行业而言，饲料加工业的生产要素要求不高，取得相对容易。尤其是在东北地区，原材料相对丰富，劳动力的获得也相对容易，这使东北地区饲料企业的进入壁垒较其他地区相比都低。进入壁垒低的结果是，只要这个行业有了一定的获利能力，大量新进入者就纷纷涌来，使竞争加剧。而且，一旦这个行业表现出获利能力，投资者和资本也会进入该产业，这对于实力弱小的小企业而言是很好的机会，它们可以使这些小企业在资本很少的情况下也可以开始创业尝试。

从技术角度看，饲料加工业的技术壁垒很难形成，原因是饲料技术已经非常成熟，普及了各个不同规模的饲料企业中，进入该行业的技术壁垒不容易产生。资金和技术已经不是新进入企业能否进入的关键，而是原料和客户群能否被有效获得。同时，上下游种植业和养殖业分散经营的市场环境使小企业进入后，获得饲料粮等原料和稳定的客户群更加容易。而且，从大型企业的差别化策略看，它虽然掌握了饲料产品的核心层，但产品核心层差别化也不能形成完全的进入壁垒。相反，中间层和外围层的差别化多为中小型饲料企业所掌握，虽然很难形成本地市场的进入壁垒，但对于外部企业进入地方性市场却能形成很好的差别化壁垒，阻止外来进入者的进入，同时减缓了大型企业对中小企业的竞争压力。

各省对待饲料加工业的开办方针基本都是采取开放的态度。各类经济实体都可以开办饲料企业，东北三省也不例外。国家放宽了饲料加工企业的法人资格，对经营场地的审批权限也放宽了，同时通过税收减免等政策对饲料加工业采取大力扶植的政策。没有政策性壁垒的结果是大量中小资本非常容易地进入饲料加工业,大量的小企业不断进入市场,缺乏技术和资金壁垒,市场集中度大大降低。整个饲料加工业中的企业良莠不齐,饲料品种开发呈无序状态,大小企业自行开发配制的饲料甚至未形成严格审查就进入了流通领域,对饲料安全和食品安全构成威胁。

三、饲料产品结构不够合理

从2003~2013年的统计数据来看,东北地区饲料产品主要由配合饲料、浓缩饲料、添加剂预混合饲料组成。配合饲料和浓缩饲料呈缓慢上涨趋势,添加剂预混合饲料2003~2006年处于上涨趋势,在2006年达到产量最高,但从2006年产量开始大幅下降,2010年开始产量又有所回升。从产品结构看,配合饲料的比例最大,其次是浓缩饲料,预混合饲料所占的比重最小。

2003年,东北地区饲料总产量1234万吨。其中,配合饲料产量为618万吨,浓缩饲料产量为580万吨,添加剂预混合饲料产量为35.8万吨。2013年,东北地区饲料总产量达到2629万吨。同比增长4.6%。其中配合饲料1690万吨,同比增长3.7%。浓缩饲料882.9万吨,同比下降0.6%。添加剂预混合饲料55.8万吨,同比增长7.1%。2013年,配合饲料、浓缩饲料、添加剂预混合饲料产量占总产量比重分别为84.3%、12.4%、3.3%,与上年相比,配合饲料占总产量比重提高0.2个百分点,浓缩饲料下降0.3个百分点,添加剂预混合饲料提高0.1个百分点。配合饲料、浓缩饲料、添加剂预混合饲料三者比例为25.7:3.9:1,上年度为26.4:4.0:1。

四、饲料行业企业扩张受限,企业运行成本加大

与其他产品相比,饲料具有一些特殊的性质。如质量的时效性长、饲喂周期性强等特性,为了适应这些特性,饲料生产企业的市场区域活动范围被限制。与

饲料加工业密切相关的种植户和养殖户小规模分散经营的市场状态，使交易频率加快，交易效率降低，交易的费用随之增加，其特殊性质表现得更加明显。在饲料生产企业经营规模不断扩大的背景下，交易费用会增加，市场范围会扩大。大型饲料一般会采取设立子公司或者分公司的形式扩大企业的规模，但在饲料加工业上下游分散的市场环境下，规模扩大的结果必然使交易和管理费用增加，从而使大型企业的规模扩张受到限制。小企业的经营灵活，交易费用少，大企业的规模扩张受限，给小企业的生存发展提供了市场空间，尤其是不具有规模经济优势的地方性中小饲料生产企业。

近年来，企业的综合经营费用逐年上涨，人工、电力、煤气等综合成本居高不下。以 2014 年为例，东北地区的饲料企业 2014 年前三季度销售费用、管理费用、财务费用分别占营业成本的 3.52%、3.19%、0.69%，2013 年，三者同期比重为 3.03%、2.72%、0.51%，2012 年为 3.02%、2.65%、0.58%。再加上玉米、豆粕等饲料原料价格持续上涨，东北地区的饲料企业总成本上涨，收益下降，企业的利润空间进一步缩小。

本章小结

东北地区饲料市场属于竞争Ⅱ型，是低集中度、高度竞争的原子型市场结构，在这样的市场结构中，大型饲料企业数量少，中小型饲料企业在饲料市场中占据绝大部分。

从原料采购、产品销售等环节分析其差别化特征可以看出：上游的原料价格大幅上涨，饲料企业的利润空间被进一步压缩，为了生存，饲料企业不得不提高饲料销售价格，而下游的养殖户对饲料价格的变化非常敏感，饲料企业的成本转嫁能力较为有限。尤其是东北地区的养殖业是从小规模分散养殖向规模养殖的过渡阶段，饲料价格的波动对养殖业的影响非常大，而且重大疫情容易导致养殖业效益下滑，因此，养殖业的市场往往处于不稳定的状态。

东北地区的饲料加工业的政策壁垒基本不存在，从结构性壁垒和成本性壁垒角度看：一些饲料生产企业已经逐渐成为行业的龙头企业，这些企业基本都是大型企业，有着雄厚的资金实力和优良的管理制度，饲料生产企业的规模化程度在加强。而成本性进入壁垒较低，目前还没有形成对中小资本饲料行业的进入障碍，针对中小饲料加工企业而言，结构性壁垒和成本性壁垒较低。

第五章 东北地区饲料加工业市场行为分析

市场行为是指企业在市场上为了实现利润最大化、提高市场占有率等具体的企业目标而采取的行为，适应市场要求的行为能够实现企业的目标。如前所述，市场结构决定市场行为，市场行为反作用于市场结构，市场行为决定市场绩效。市场行为是连接市场结构和市场绩效的中间环节。针对东北地区饲料加工企业而言，分析饲料加工业的市场行为尤为重要。饲料加工业的市场环境有其特殊性。对东北地区饲料加工业进行市场行为分析，首先要分析其市场特征，其次在特殊的市场特征下分析其价格行为和非价格行为。

我们对饲料加工业的市场行为可以从以下三个方面来考虑：首先，对于饲料加工业市场行为的市场环境影响，不仅要考虑自身的竞争环境，还要考虑上下游产业的市场环境；其次，对于市场行为的研究对象，我们不仅要关注能够形成规模经济的大型企业，还要关注数量众多的中小型企业，对中小型企业的关注尤为重要；最后，对于市场行为的策略，我们不仅要研究价格策略，还要研究包括营销、差异化、技术创新、结构重组等非价格策略。因此，只有将饲料加工业的市场行为置于我国具体的经济制度、自然和社会资源以及市场环境背景下进行研究，才能全面客观地阐述我国饲料加工业的市场行为相关问题。

第一节 东北地区饲料市场特征

东北地区饲料加工业发展迅速,产业体系目前已经初具规模。作为关联程度较高的产业部门,饲料加工业具有较强的关联效应。它将种植业和养殖业以及相关的饲料生产技术与动物营养技术紧紧地联系在一起,使农业产业链得以延伸,使传统养殖业的价值链发生巨大改变。东北地区的农、畜产品的市场流通大大加快,饲料加工业的发展也促进了种植业和养殖业高新技术的推广,使东北地区农业现代化的进程加快,产业化的程度提高。目前,东北地区饲料加工业的生产技术和管理水平有了大幅提高,市场越来越成熟,所面临的市场环境也具有了自身的特点,东北地区饲料加工业已经开始向一个成熟的产业方向过渡。

一、同质化竞争加剧

目前,东北地区饲料加工业具有如下显著特征:第一,供求关系出现不平衡状态,同质化的饲料产品供给增加,而养殖业对饲料的需求的增长率开始减慢,利润率水平较低。第二,产业的同质化竞争更加全面,东北地区的饲料加工业开始有了同质化竞争的势头,而且表现得越来越激烈。主要的特征是:产品品种无差别、价格也基本一致,甚至销售渠道和促销方式都相同,很少有企业具有独一无二的产品、技术等方面的优势,企业和企业之间在同质化的竞争中往往两败俱伤。

二、行业壁垒较低

东北三省的各级政府虽然一贯支持饲料加工业的发展,在税收、贷款等方面给予多项优惠政策,但在饲料行业门槛非常低,任何经济成分、任何人都可以进入。尤其对饲料加工业而言,饲料配方和生产加工技术都很容易掌握,而且资金门槛也不高,设备投资不多,规模不大。刚进入市场的企业基本上是小企业,小企业在技术、资金和品牌方面不占优势,但费用低,掉头也容易。在该行业发展的初期,虽然行业利润率不高,但仍然会吸引大批的投资者进入这个市场。尤其是近些年来,大量的外资进入东北地区饲料市场,外资企业更多地投资于饲料添加剂等技术含量高的行业,但一体化经营策略很容易使外资企业向下延伸进入饲料加工行业。

三、养殖户分散经营程度较高

虽然东北地区是全国的主要玉米主产区和养殖基地,但人口密度不大,标准化、规模化的养殖场虽然也在发展,但养殖业基本上以散户养殖为主,分散化程度较高。主要的畜禽养殖基本以小规模、家庭式的分散养殖为主。大型养殖场的畜禽出栏数在全国所占的比例并不高。以 2014 年为例,东北三省的生猪、肉鸡、肉牛养殖中,按照生猪的出栏数在 50 头以上,肉鸡出栏数在 2000 只以上,肉牛的出栏数在 10 头以上的标准计算,生猪出栏 3000 万头,肉鸡出栏 5 亿只左右,肉牛出栏 180 万头。养殖户对饲料的需求也有一些特点:一是养殖户因养殖规模不同对饲料的需求差别比较大;二是养殖户在畜禽价格比较高时,对饲料价格的敏感度不高,当畜禽价格比较低的时候,养殖户对饲料价格的敏感度就会加大;三是养殖户对饲料的选择一般是先进行试验性饲喂,根据饲喂效果选择产品,养殖户对价格非常敏感,对服务的要求不是很高。

企业市场分析与竞争力研究

第二节 东北地区饲料加工业的市场行为分析

如上所述,对东北地区的饲料加工业进行市场分析,应该在其特殊的市场环境下主要分析其价格行为和非价格行为。

一、价格行为

通过前面章节对东北地区饲料市场结构的分析,可以得出结论:在东北地区饲料加工业分散的市场结构条件下,任何一家饲料企业都无力控制饲料市场的价格,只能是价格接受者。但具有一定规模的地方性企业还是有能力采取限制性定价等方式来参与市场竞争,并在竞争中获胜。这也是饲料加工业区域性市场特征在定价行为上的具体体现。

饲料加工业处于种植业和养殖业的中间环节,饲料生产企业制定产品价格时必然要受到上下游产业的影响。上游原料采购环节的粮食价格波动频繁,市场经济的滞后使饲料粮价格上涨所带来的成本增加无法及时在饲料销售中快速转化;下游养殖业受外部自然环境和经济环境的影响,对饲料的需求波动较大。同时,同处下游的肉食品加工、零售市场存在一定的价格刚性,使饲料生产企业夹在中间,在同产业链上、下游企业的竞争中处于不利位置。对于来自上下两段挤压带来的经营威胁,饲料加工业必须将业务领域向产业链前、后两端延伸,延展经营范围,降低局部的经营风险。在上下游产业中掌握一定程度的价格主动权,发挥整体协调效应,才能在激烈的市场竞争中取得优势。

饲料的原料成本是饲料生产企业价格的重要组成部分,在饲料成本中占80%～90%的份额,而粮食作物又在饲料原料成本中占据90%的份额,也可以说，粮食作物的价格在很大程度上决定着饲料产品的价格。对于下游的养殖户而言，对饲料的需求存在许多不确定性因素，饲料企业和养殖户的高频率交易导致交易成本提高，难以获得价格上的主动，并且不能及时了解养殖户的需求信息，难以有针对性地制定价格。为了能够在饲料原料和下游养殖户的交易中获得价格优势，东北三省的饲料企业采取了多种形式的价格策略。

吉林省正邦饲料有限公司和吉林省德泰饲料科技发展有限公司实行"企业＋种植户＋养殖户"的合作模式，黑龙江新中旭牧业（集团）股份有限公司实行"政府＋企业＋养殖者＋种植户＋银行"五位一体的模式，黑龙江元禾牧业实行"公司＋农业服务组织＋农户"，哈尔滨东大牧业有限公司、辽宁大成农牧实业有限公司和辽宁禾丰牧业股份有限公司实行"企业＋农户"的合作模式（见表5-1）。饲料企业采取这些合作模式的主要目的是希望与上游的原料供应商签订长期稳定的合同，确保价格和供应量能够保持在稳定的状况，从而规避市场价格和供应量波动的风险。同时，与下游的养殖户形成利益上的对接，确保稳定的销量和准确了解养殖户的需求。以黑龙江新中旭牧业（集团）股份有限公司为代表的企业除了和上下游企业密切联系以外，还与当地政府和银行合作，及时获得政府和银行对饲料加工企业的政策优惠信息，更好地制定自己的价格，实现多方共赢。

表5-1　东北地区部分知名企业的价格策略

企业名称	价格策略
吉林省正邦饲料有限公司	企业＋种植户＋养殖户
吉林省德泰饲料科技发展有限公司	企业＋种植户＋养殖户
黑龙江新中旭牧业（集团）股份有限公司	政府＋企业＋养殖者＋种植户＋银行
黑龙江元禾牧业有限公司	公司＋农业服务组织＋农户
哈尔滨东大牧业有限公司	企业＋农户
辽宁大成农牧实业有限公司	企业＋农户（协会）
辽宁禾丰牧业股份有限公司	企业＋农户

二、非价格行为

(一) 拓展销售渠道

销售策略是企业发展的重要推动力。它根据消费者的消费需求，通过一系列的有组织的营销活动，相互协调一致的策略，引导消费者的偏好，为其提供满意的商品和服务的活动过程。要想在激烈的市场竞争中获得更多的市场份额，合理有效的销售策略是必不可少的，销售策略的模式多种多样，每一个优秀的饲料企业都有自己独特的销售策略。

表 5-2 列举了东北地区一些重点企业的营销策略。哈尔滨青禾科技有限公司十几年来之所以能够保持持续快速的发展，并取得了较好的成绩，与它的营销策略是分不开的。该公司组建了自己的营销团队，并且重视营销模式的改革和创新，针对不同地区和不同禽类采取不同的产品推广模式，重视利用建网络营销，实现了产品与市场的有效对接。以哈尔滨富康牧业有限公司为例，自 2005 年以来，公司实现了每年超过 30% 以上的增长率，这与它的营销理念息息相关。该公司的营销理念是"营销的本质是服务"，并且注重服务的专业化。建立了包括业务员、售后人员、技术研发中心三级服务体系：业务员是作为服务主体，完成大约 70% 的客户服务；售后人员主要负责对业务员服务能力的提高，且负责解决售后问题；技术研发中心负责重大技术问题的解决。这方面有机结合，使该公司饲料销售量迅速增加。黑龙江新中旭牧业（集团）股份有限公司 2008 年成功并购重组后，企业在营销模式上也进行了创新与改革，实行"实证数据营销 + 会议营销"的模式，牵头创办近 30 家农民养殖合作社，保证市场信息与企业产品的对接，采取"公司 + 合作社 + 社员"的养殖合作模式。将购买者对公司产品的使用情况及时准确地反馈给公司。在新的营销模式下，企业的饲料销售量实现了每年 30% 以上的增长。吉林省兴华饲料集团采取业务员、专职售后服务人员、集团技术研发中心三级服务体系，取得了很好的效果。

表 5-2 东北地区部分知名企业的销售模式

企业名称	营销策略
哈尔滨青禾科技有限公司	建立营销团队、营销网络
吉林省兴华饲料集团	业务员、专职售后服务人员、集团技术研发中心三级服务体系
哈尔滨东大牧业有限公司	业务员、售后人员、技术研发中心三级服务体系
黑龙江新中旭牧业(集团)股份有限公司	实证数据营销+会议营销
吉林省德泰饲料科技发展有限公司	自有营销团队+加盟
哈尔滨东大牧业有限公司	知识营销、服务营销、体验式营销
辽宁禾丰牧业股份有限公司	营销网络

(二)品牌和服务策略

品牌和服务策略属于产品差异化策略。产品差异化策略就是企业通过相应的技术或营销手段向消费者提供与众不同的产品或营销服务，因为产品或服务比竞争对手更有优势，更能吸引消费者，即使是制定了较高的价格消费者也愿意接受。由此，企业取得了差异优势，获得了较高利润。在东北地区饲料加工业过度分散的市场环境下，产品同质化严重，饲料生产企业为了提高消费者对各自产品的识别度，获得更多的市场份额，更应该积极实施品牌和服务策略，主要通过树立品牌和提高售后服务质量两种途径。

在树立品牌方面，要确立主推产品，打造主推产品的品牌名称，参与各类评奖活动和博览会，通过各种途径宣传自己，树立企业品牌的形象。在产品服务方面，售后服务是产品服务最直接的体现。许多饲料企业都配备有专门的技术服务团队，专门负责深入到养殖场进行饲养知识的传授和技术指导。

(三)高新技术发展策略

高新技术是企业发展的源泉和动力，对于解决企业发展中的关键问题尤其重要，也是一个企业立于不败之地的根本。高端技术人才和先进的技术设备是高新技术发展的关键要素，是技术创新的根本。近些年来，东北地区的一些饲料加工企业在高新技术发展策略上做得卓有成效，也起到了显著的效果。

在高端技术人才的选育上，这些企业一般通过与各大高校建立深度校企合作，引进高端技术人才，同时采取公开招聘、内部培养的方式选择和培育人才，这些企业舍得出资资助员工参加各类专业知识岗位和岗位技能培训；在对高端技术人才的使用上采用现代化的人才管理制度，给予更大的灵活度和发展空间，实行绩效管理，使员工晋升机会均等。如辽宁禾丰牧业股份有限公司建立了民营企业博士后科研基地；哈尔滨东大牧业有限公司公司荟萃了业内知名畜禽营养专家、兽医专家、高级管理人员；黑龙江新中旭牧业（集团）股份有限公司建立了校企深入合作机制和内部培训开发体系，实行"平衡计分卡"绩效管理模式。

在先进的技术设备引进方面，黑龙江新中旭牧业（集团）股份有限公司引进瑞士进口的 FOSS 定氮仪用于新产品的研发、测试和分析，同时投资 3000 万元用于自动化饲料生产设备的更新换代，提高产品的技术含量和质量；宁禾丰牧业股份有限公司引进了先进的自动化生产设备和工艺。哈尔滨青禾科技有限公司和辽宁禾丰牧业股份有限公司积极引进先进的自动化生产设备和工艺，哈尔滨东大牧业有限公司引入了先进的信息化管理系统，改进了饲料的品种，提高了生产效率。

（四）横向与纵向兼并策略

企业兼并重组在现代经济生活中应用得越来越广泛，它是一种资源配置优化的主要经济手段。对于深化企业改革、调整经济结构、推动经济发展有着重要作用。企业的兼并重组是指两个以上的企业在自愿的基础上依据法律通过订立契约而结合成一个企业的组织调整行为。企业兼购重组的动机多种多样，主要有以下几个方面：①为了获得规模经济的效益；②提高市场竞争力和市场支配力量；③降低市场进入壁垒；④减少资产经营风险。按照企业的兼并重组方向不同，分为横向兼并和纵向兼并。横向兼并是指生产或经营同一、相似产品的企业之间的兼并；纵向兼并是指在生产工艺或经销上有前后关系、买卖关系的企业间的兼并。在东北地区过度分散的原子型市场结构下，市场竞争激烈。面对激烈的市场竞争，饲料加工企业的危机意识增强，加快了改造重组步伐，饲料加工业规模化程度不断加强。横向兼并的成功案例是黑龙江新中旭牧业（集团）股份有限公司，它的横向兼并过程历时5年，由7家饲料加工企业组成，包括哈尔滨中旭科技开发有限公司、哈尔滨光大农牧公司、黑龙江海丰饲料公司、哈尔滨万方饲料研究所、齐齐哈尔牧源饲料公司、佳木斯农垦硕亚饲料公司和黑龙江新中旭牧业（集团）股份有限公司，重组后形成了新中旭牧业集团。重组后的集团竞争力明显提升，集团得以迅速发展。

在纵向兼并方面，哈尔滨大北农牧业科技有限公司、吉林省兴华饲料集团、哈尔滨三禾饲料有限公司、哈尔滨益利达农牧饲料有限公司、辽宁大成农牧实业有限公司等企业通过技术改造、集团内部的改造重组等策略实现了产业结构的优化升级，从而提高了企业的竞争力。哈尔滨远大牧业有限公司、哈尔滨青禾科技有限公司、辽宁禾丰牧业股份有限公司、黑龙江元禾牧业开发服务有限公司、哈尔滨华达饲料制造有限公司等企业注重联系上游的种植业和下游的养殖业中，形成产供销"一条龙"的产业链。一方面，使饲料加工企业有稳定的原料供应，规避价格波动的风险；另一方面，种植业和养殖业也在市场竞争中的风险大幅度降低，实现了多方利益的共赢局面。

本章小结

东北地区饲料加工业的市场除具有全国的特征以外，还具有更激烈的同质化竞争、较低的行业壁垒、程度较高的养殖户分散经营等特征。对东北地区饲料加工业的市场行为分析分为价格行为和非价格行为，价格行为主要采用了"企业+种植户+养殖户""政府+企业+养殖者+种植户+银行""公司+农业服务组织+农户""企业+农户"的合作模式。非价格行为主要通过拓展销售渠道、品牌与服务策略、高技术发展策略、并购重组等策略实施。这些模式和策略对促进东北地区饲料加工业的发展起到了一定的积极作用。

第六章 东北地区饲料加工业的市场绩效分析

市场绩效是一个综合性的概念，既包括市场本身的内部效率，又包括社会资源配置效率。市场绩效兼顾消费者的福利和企业的收益，是衡量社会技术进步和公平竞争的主要指标。在产业组织领域中，关于市场绩效的研究一直以来是一个比较复杂的问题，理论界也一直争论不休，因为市场绩效的计量指标的获得本身就很困难，而且绩效本身是一个含有价值判断因素的概念，单一指标不能很好地解决绩效问题。尤其是饲料加工业既联系上游种植业，是种植业农产品深加工的重要部门；又联系下游养殖业，是保证畜牧业发展和满足人们消费需求的重要部门，关系着人民生活水平和食品安全。因此对饲料加工业的绩效评价尤为重要，而且对东北地区的市场绩效的评价不能只用一个指标进行说明，要结合多个指标进行综合考虑。

根据前面章节，我们对东北地区饲料加工业的集中度状况、市场结构类型以及市场行为进行了测定和分析，认为东北地区饲料加工业属于原子型的市场结构，市场行为中各省所使用的价格和非价格行为基本相同，差异性不大。市场绩效是市场行为的综合反映。考虑到东北地区饲料加工业的市场特征近似，但和其他地区的饲料加工业的成长环境和发展状况存在较大差异。本章以七大行政区划即华东、华北、华南、华中、东北、西南、西北地区为基本单位,分析东北地区饲料加工业组织绩效情况以及与其他地区尤其是饲料工业发达地区的差距。

第一节 市场绩效的含义与综合指标

一、市场绩效的含义

产业经济学中的绩效,一般是指市场绩效。按照哈佛学派的观点,市场绩效是某一产业所获得的最终的经济成果,该经济成果涉及产品的价格、生产成本和利润、产品的产品和品种、产量和技术进步等因素。它是在特定的市场结构中,通过有效的市场行为取得的。市场绩效指标主要用来反映市场运行效率和资源配置,既是反映其优劣程度的指标,也是研究资源配置效率、公平分配、技术进步和竞争情况的主要指标。产业组织学对市场绩效的研究主要集中在两个方面:第一,对绩效衡量方法的研究,主要分析具体行业的绩效情况,主要评价方面有:市场资源配置效率、规模效率、技术进步、产业的规模结构效率、劳动生产率、X非效率等;第二,对市场结构、市场行为和市场绩效之间关系的研究。其中,资源配置主要指市场配置效率和内部效率,公平分配是指财富、社会资源和机会分配是否公平。

二、市场绩效评价的综合指标

市场绩效的评价指标有很多,主要有两类:一类指标主要是评价厂商的生产效率是否提高,是否实现了资源配置效率,生产的产品是否能满足消费者需求偏好,生产的产品数量是否满足社会需要,这些要素构成了市场绩效的主要内容。

这些指标具体包括：资源配置效率也称内部效率（X效率）、规模效率指数、综合效率指数。另一类指标主要是通过评价市场中垄断和竞争势力的强弱，通常用利润或价格与成本间关系来衡量市场绩效，具体的衡量指标主要有勒纳指数、托宾Q值和利润率等。

第二节 东北地区饲料加工业市场绩效评价

一、市场绩效指标的选取

在选择东北地区饲料加工业市场绩效各项考核指标时，本书主要研究了各个指标的可行性和适用性。对以上两类指标所需要的数据进行选取和计算时发现，第一类指标可以通过对选定的饲料加工企业的投入和产出数据进行分析，相对容易得出X效率、规模效率指数、综合效率指数，而使用第二类指标中的勒纳指数和托宾Q值在衡量东北地区饲料加工业市场绩效时的应用性受到限制，计算的结果可信度较差。

勒纳指数以价格与边际成本的偏离程度来衡量市场垄断势力，具有一定科学性。然而，现有的有关饲料加工业的统计资料不够全面，尤其是东北地区饲料企业分散，饲料企业的定价方法和策略很难获得，使用勒纳指数对行业边际成本的度量的误差会很大，导致统计数据的真实性受限，结果准确性低，可信度不高，因此勒纳指数的应用性在计算饲料加工业市场绩效时受到较大限制。而托宾Q值需要计算企业的重置成本及无形资产的价值，这两个指标也是很难得到的，在具体的计算中就会存在偏差，从而这种方法也受到限制。

利润率指标反映饲料加工业的资源配置效率情况。主要包括总资产报酬率、净资产收益率、成本费用利润率、销售利润率等指标,同时,结合资产营运能力、偿债能力等指标进行综合分析。利润率的数据相对获得比较容易,计算的可信度较高。一般认为,行业利润率越高,则资源配置效率越高;反之,则越低。也就是说,第一类指标中的资源配置效率是可以代替利润率指标来分析饲料加工业的市场绩效的。因此,本章主要采用第一类指标来分析东北地区饲料加工业的市场绩效。

二、市场绩效指标的评价方法

本章的研究方法为 DEA(数据包络方法)。这是一种数量分析方法,利用线性规划,通过设置多项投入和产出指标,选择具有可比性的同类型单位,利用这些单位进行相对有效性评价。每一个评价单位都是一个决策单元,每个决策单元都拥有相同类型"投入"和"产出",在将各决策单元投入、产出指标的权重设为变量后,运用统计软件进行运算,最终确定各个决策单元的 DEA 是不是有效的。用 DEA 方法衡量绩效问题能够清晰地说明投入和产出的组合关系。因此,相对于经营比率或利润指标而言,DEA 方法更具有综合性并且可信度更高。

在研究中,采用 DEA 模型进行网络数据的分析和模型设计,在设计中要对其中具体指标进行控制。例如在技术效率的计算和分析上进行控制,防范数据内容的出错,本书选取 2008~2013 年的统计数据,数据来源于《中国饲料工业年鉴》《中国畜牧业统计年鉴》中国产业信息网、中国畜牧网、东北饲料信息网,然后按照七个行政区域的划分加总计算获得,选择的指标为七大行政区饲料加工企业的固定资产、职工人数、营业收入、固定资产、职工人数为投入指标,营业收入为产出指标。DEA 模型为较为成熟的模型,模型的表达式本书不再赘述。用 DEAP2.1 软件对选定的七个行政区域的饲料加工企业的投入和产出数据进行生产率指数分析后,结果如下:

(一) X 效率

从表 6-1 中数值可以看出,七个行政区域的 X 效率指数在不同年份都有所波动,整体有上升的趋势,说明了我国饲料加工业的发展有所提高,其中华东、华南和华中地区的指标数值较高,而东北、西北和华东地区的 X 效率指数较低。

表 6-1 2008~2013 年各地区饲料加工业的 X 效率指数

	2008 年	2009 年	2010 年	2011 年	2012 年	2013 年
华东	1.3545	1.5431	1.1543	1.4901	1.3610	1.3548
华南	1.2749	1.2103	1.2850	1.2320	1.2129	1.2132
华中	1.0932	0.9540	1.1210	1.1310	1.0598	1.0843
华北	0.7809	0.6542	0.6198	0.6403	0.7102	0.7021
西南	0.7573	1.0194	0.9104	0.8508	0.8210	0.8342
东北	0.9328	1.2195	0.8879	0.9610	0.8840	0.8932
西北	0.6219	0.6104	0.5870	0.6301	0.6219	0.6321
均值	0.9735	1.0301	0.9379	0.9908	0.9530	0.9591

(二) 规模效率

2008~2013 年的七大行政区饲料加工业的规模效率总体水平不高,在不同年份同样有波动,虽然呈现一定增长的趋势,但总体的规模效率仍然较低,东北地区处于中游水平(见表 6-2)。

表 6-2 2008~2013 年各地区饲料加工业的规模效率指数

	2008 年	2009 年	2010 年	2011 年	2012 年	2013 年
华东	0.6332	0.6287	0.5420	0.6905	0.6556	0.6756
华南	0.9319	0.9102	0.9032	0.9545	0.9394	0.9473
华中	0.7102	0.8210	0.7814	0.7765	0.8010	0.8089
华北	0.7670	0.8071	0.8621	0.8121	0.7912	0.7904
西南	0.8693	0.7321	0.8898	0.9012	0.8602	0.8598
东北	0.7210	0.7012	0.7109	0.8412	0.8219	0.8217
西北	0.9912	0.9219	0.9143	0.9298	0.9412	0.9410
均值	0.8034	0.7889	0.8005	0.8437	0.8301	0.8350

(三) 综合效率

综合效率指数较高的地区主要有华南、华东、华中三个地区，导致这三个地区综合技术效率高的主要原因是纯技术效率指数高；综合技术效率较低的地区主要有华北、西北、东北和西南。东北、华北的综合技术效率较低的主要原因是其规模效率较低，西北的主要原因是纯技术效率指数低。

表6-3 2008~2013年各地区饲料加工业的综合效率指数

	2008年	2009年	2010年	2011年	2012年	2013年
华东	0.8577	0.9701	0.6256	1.0289	0.8923	0.9153
华南	1.1881	1.1016	1.1606	1.1759	1.1393	1.1493
华中	0.7764	0.7832	0.8760	0.8782	0.8489	0.8771
华北	0.5990	0.5280	0.5343	0.5200	0.5619	0.5549
西南	0.6583	0.7599	0.8101	0.7667	0.7062	0.7172
东北	0.6725	0.7463	0.6312	0.8084	0.7266	0.7339
西北	0.6164	0.5627	0.5366	0.5859	0.5853	0.5948
均值	0.7669	0.7788	0.7392	0.8234	0.7801	0.7918

本章小结

综上所述，本章对东北地区饲料加工业的X效率、规模效率、综合效率指标进行了测算，并和其他行政地区的相关指标进行了比较。得出了以下结论：

东北地区的纯技术效率指数较低，但逐年有所提高，这是由于过度分散的原子型的市场结构影响；东北地区虽然属于养殖业和饲料加工业规模比较大的地区，但属于小农户分散经营的市场情况，所以规模效率相对较低；综合技术效率是前两个指标的乘积，因为前两个指标较低，导致东北地区综合技术效率的指标较低；在全国饲料加工业产品严重同质化和技术创新不足的背景下，东北地区饲料加工业的相关技术有了一定程度发展。

通过对东北地区饲料加工业的 SCP 范式的分析，可以得出：东北地区饲料加工业的市场结构、市场行为和市场绩效是符合产业组织理论中关于三者之间关系论述的。从东北地区饲料加工业的发展情况看，饲料加工业的市场结构决定了其市场行为，二者的运行特征进而影响到市场绩效。东北地区饲料加工业经营分散、市场集中度较低，产品差异性较差，进入壁垒低，因而市场竞争十分激烈。在以上市场结构和市场行为的作用下，东北地区饲料加工业的市场绩效主要通过 X 效率、规模效率和生产率指标实现。从总体情况看，每年的总产量和营业收入都有不同程度的增加，但是，东北地区饲料加工业的总体实力与国内外发达地区相比仍然有很大差距。

第七章　东北地区饲料加工业竞争力分析

根据前述分析可知，东北地区饲料加工业所面临的是小规模分散型的特殊市场环境。这种市场环境使东北地区的饲料加工业结构形成原子型的结构特征。虽然各个大小规模不同的饲料企业通过价格和非价格的策略在市场上展开激烈竞争，但市场集中度低，绩效水平不高，尤其是与国内其他地区的饲料企业相比竞争力不强。所以，在总体水平上准确而客观地对东北地区饲料加工业区域竞争力进行评价和分析，也是十分有益和必要的。

第一节　饲料加工业的国内外竞争格局分析

一、国际饲料加工业的竞争

著名的奥特奇全球饲料调查机构对全球饲料的生产情况进行了调查，并发布了 2015 年全球饲料调查报告。报告中数据显示：全球饲料行业的总产值已达

4600亿美元,总产量为9.8亿吨,同比增长了2%。在全球饲料产量前10位的国家中中国饲料总产量排在第一位。其他排在前10位的国家依次为美国、巴西、墨西哥、印度、西班牙、俄罗斯、日本、德国以及法国(见表7-1)。2015年,印度尼西亚、土耳其和越南等一些非传统饲料大国的饲料产量有了显著的增长,跻身全球饲料产量的前20位。

表7-1 2015年全世界饲料产量排名前20名的国家和地区(以百万吨计)

排名	国家	产量	排名	国家	产量
1	中国	182.81	11	加拿大	20.35
2	美国	172.46	12	印度尼西亚	18.86
3	巴西	86.15	13	韩国	18.56
4	墨西哥	30.70	14	泰国	16.81
5	印度	29.43	15	土耳其	15.42
6	西班牙	28.18	16	荷兰	14.35
7	俄罗斯	26.65	17	越南	14.10
8	日本	24.32	18	意大利	14.04
9	德国	23.58	19	英国	13.46
10	法国	22.18	20	菲律宾	12.38

资料来源:奥特奇调查机构对全球饲料总产量的调查(2015)。

从以上国家饲料产量的排名情况进行深入分析可知:在这些饲料大国中,中国的总产量依靠的是饲料加工企业的数量众多,大量分散经营的饲料加工企业产量加总,由此获得了总产量的绝对高值;而美国、法国和巴西等这些排位靠前的国家,饲料加工企业的数量并不多,他们主要依靠的是集中度较高的规模经济获得的高产量。在全世界的饲料产量中,产量排名最前的一些饲料生产国占了多数,而这些国家的饲料产量主要集中在一些较大的饲料加工厂中,集中度很高(中国例外)。数据显示,全世界大型饲料加工企业不到3800家,每个单厂的饲料年产量均超过0.25万吨,这些饲料加工企业的工业饲料产量是世界总产量的

80%，目前，全球有50余家年产量在100万吨以上的饲料企业，如泰国的正大，美国的嘉吉、普瑞纳、中国的新希望，荷兰的创世公司等都是典型的代表。分析2015年全球饲料生产的地区平衡的资料，可以得到这样的结果：在美洲的国家里产量居前5位的就占3位，而亚太地区占世界人口第一却仅占2位。中国和美国的饲料产量居于前列，在全世界属于名列前茅的位置。俄罗斯在前10名中位列第7位。俄罗斯的人口数仅1.48亿，相当于中国人口数的1/10，但其工业饲料的产量却达到26.65百万吨，人均占有量与中国接近。

这些国家的企业在国际市场上表现出很强的竞争力。一方面，这些企业获得高产量所带来的规模收益；另一方面，这些企业特别重视大企业与大企业的强强联合。特别是重视与上游种植业、下游养殖业，甚至是食品加工业的联合。延长的产业链，一方面，降低了成本，规避了价格波动所造成的风险，保证了原材料的供应；另一方面，保障了食品的安全性。这些企业对原料的选择、环境的评估和食品的安全极为重视。目前这种专业化一体经营的方式非常流行，饲料企业与养殖企业、食品加工企业这三类企业联手开拓市场增强了这些企业的竞争力。目前一些发达国家都成立了这种专业一体化的饲料加工企业，或者可以说是成立更为专业化的饲料生产线，这种联合在西欧、北美和其他一些成熟的市场尤为明显。美国是世界上第二饲料生产大国，其特征为产业集中度高，美国的大型饲料多数是既从事饲料生产，又经营养殖业的，有较长的产业链。如集饲料生产、畜牧养殖、屠宰、加工、食品于一体的美国的EARMLAND公司，就是集饲料企业与养殖企业、食品加工企业于一体大型综合性企业。

在我国，目前也有许多优秀的饲料加工企业，在国际上有与其他国家的企业竞争的能力，但按照国际通用的评价标准衡量，我国饲料企业90%以上仍只能算小企业，国际通用的评价准则为年营业额在4亿美元以下者均是小企业，而且我国最大的企业集团与发达国家间的差距还很大，与发达国家同行优秀企业总体实力相比，还不到10%，这种差距是显而易见的。

二、国内饲料加工业的竞争

我国饲料产业诞生于20世纪80年代初期,计划经济时期,绝大多数饲料加工企业隶属于粮食系统,按照计划生产和销售,产量低、品种少、成本高,不存在单独的产业部门。90年代末到21世纪初期,正大集团进入中国,首先进入的市场是深圳,随之很快进入中国中部和北部。之后,来自本土的希望集团迅速发展,完成各自的战略布局,饲料加工业作为一个独立的产业部门开始形成。近年来,各地方饲料加工企业已经不满足于本地市场,开始向其他区域进行扩张。例如,通威、禾丰、大北农、铁骑力士等企业,饲料企业竞争开始在全国各个城市蔓延,整个行业进入了新阶段——大企业之间全方位竞争。目前,饲料企业的竞争呈现多元化的态势,既有大企业和大企业的竞争,也有大企业和中小企业的竞争,中小企业之间的竞争更是无处不在。但大企业之间的竞争是饲料企业竞争的典型特征,而且竞争的层次逐步升高,竞争的方式多种多样。竞争中企业的优胜劣汰表现明显,有的企业被淘汰,有的整合,有的崛起,市场不断被重新洗牌,竞争的过程也是产业不断整合和发展的过程。在竞争中取胜的企业都有领先于其他企业的优势特点,主要表现为:专利技术、生产效率、营销手段等方面,哪个企业要想取得市场的主导权,那么他就要走在前面。

从目前的情况看,国内饲料产业的整体竞争力与发达国家相比,整体竞争能力不强。产能处于相对过剩阶段,这是由于整个饲料行业技术更新速度较慢造成的,产品同质化程度较高,品牌的培育能力不强。各类饲料加工企业的竞争日趋激烈,如何开辟新的增长点是很多大型饲料企业继续发展中面临的严重问题。行业和企业竞争环境正在发生剧烈变化。变化主要表现在以下几个方面:①饲料原料价格的不确定性大大增加,这是由于受国际市场、期货市场和天气变化三方面的因素造成的。②饲料市场的不确定性大大增高,这主要是受养殖业周期性波动和集约化程度加快这两大因素造成,还有受畜禽疫情透明度的增加所影响。养殖业结构也出现了重大变化。③饲料行业出现了饲料原料价格上涨与饲料价格上涨不同步、不匹配的现象，这是受能源、运输、人力成本上升三大因素的影响，难以逆转原料价格总体上涨的趋势，饲料行业的这种不同步造成了畜产品价格上涨与饲料价格上涨不同步、不匹配的现象。

三、地区饲料加工业的竞争

按照地域结合经济发展水平，我国划分为东部、中部、西部三个经济地带，三个经济地带的发展水平差别较大，东北最强，西部最弱。三个经济地带的畜牧业发展水平差距也很大，区域间经济发展的不均衡导致消费市场也出现不均衡发展状况，由此饲料加工业也呈现出发展不平衡的特点。东部发达地区的经济形势好，需求旺盛，人才流入得多，这些省份吸纳了数量众多的饲料加工企业，尤其大型饲料加工企业更愿意到这些地区落户，有些地区的饲料加工能力出现过剩现象。中西部地区，经济发展较东部地区落后，市场需求相对较弱，竞争力强的企业数量不多，产品的品种不够丰富，预混料和浓缩料居多，这导致一方面饲料产品供不应求，养殖业发展需要日益不能满足；另一方面饲料企业开工所需要的资金不足。因此，饲料加工业竞争出现了东部发达地区竞争激烈，西部竞争相对缓和，表现出多层次性、多样化的特征。

振兴东北老工业基地的政策的出台和实施给东北地区饲料加工业的发展带来了机会，随着政策扶持力度的加大，东北地区的基础设施，增加产业投资资金，现代信息技术日益提高，畜牧业技术水平不断提高，饲料加工业发展迅速。近年来，东北地区的饲料加工业竞争力进一步加强，其饲料产量以占全国的份额10%以上的速度递增。

四、饲料加工企业的竞争

饲料加工企业之间的竞争主要表现为：大企业与中小企业的竞争、内资企业与外资企业的竞争。

(一) 大企业与中小企业的竞争

大企业以企业集团的优势和规模与中小企业竞争,在与中小企业的竞争中,除了拥有技术上的优势以外,还有规模经济所形成的成本优势,再加上品牌的优势,容易首先抢占高技术的市场。如山东的新希望六合集团就是典型的例子。2014年,新希望六合股份有限公司饲料销量为 1600 余万吨,实现销售收入约 800 亿元。有实力的企业集团利用其技术上的优势向技术含量较高的产品发展,先占领高技术产品市场,而中小企业很难跨越这道门槛,这是由于资金和技术的限制,等到中小企业突破限制,模仿或研发成功,进入这个市场时,这些有实力的企业集团从这块市场撤出,开始向技术含量更高的市场转变。另外,饲料企业集团把经销商看成企业的一分子,用企业文化来影响经销商,通过经销商的培训仓储、财务、销售人员,使经销商心甘情愿地为企业集团服务,双方共赢得以健康发展。

大型饲料企业极力降低包括生产管理和经营在内的等各个环节的成本,而中小饲料企业在与大企业的竞争中很难取胜。饲料行业是中间产业,受到上下游产业的共同挤压,本身就处于微利状态。饲料原材料价格波动很大,中小企业自身资金和抗风险能力有限,不能规避风险,在市场波动的状况下非常被动。现阶段,我国养殖户的小规模、分散经营的程度还很高,消费成熟度还处于很低的状态,购买价廉饲料仍是养殖户的趋向,中小饲料企业生产企业还能生存下去,随着养殖业规模程度的提高,中小饲料企业在市场竞争中将越来越不利。表 7-2 为 2013 年排名前 10 名的大型饲料企业产量情况。

表 7-2　2013 年排名前 10 名的大型饲料企业产量情况

排名	企业名称	产量(万吨)	同比增长(%)
1	新希望六合	1541	-8.6
2	正大	880	3.2
3	双胞胎	860	22

续表

排名	企业名称	产量（万吨）	同比增长（%）
4	温氏	849	14
5	海大	479	10
6	正邦	442	4.4
7	东方希望	434	2.5
8	通威	395	6
9	大北农	387	59
10	亚太中慧	351	3.9
总计	—	6618	—

资料来源：广东饲料信息网数据。

（二）内资与外资企业的竞争

饲料加工业是较早按照市场经营模式运行的行业。1979年，深圳市第一家中外合资企业正大康地就成立了，该公司是泰国的正大集团与美国大陆谷物公司联合投资成立的。可以看作是最早的一家中外合资饲料企业。后来，美国的一些著名的企业集团也相继进入，例如康地公司、普瑞纳公司等，目前仅仅正大一家企业在中国内地就投资建立了100多家饲料企业，迅速占领市场，占有20%的市场份额。从数量上看，中国目前已有300多家外资饲料企业。这些外资企业不仅带来先进的生产技术水平、加工工艺，同时也带来了科学配方和独特的经营管理模式，这大大推动了发展中国民营饲料企业。在中国的这300多家外资饲料企业中，民营企业占的比例大约为90%。这些外资企业大多数选择在东南沿海发展，很少选择西部。在我国整个饲料市场中，外资企业占有比较重要的地位。

我国内资企业以民营企业为主，我国民营饲料企业从20世纪90年代开始发展，以希望集团为代表的一大批民营企业迅速成长。面对资金雄厚、技术先进、经验丰富的外资企业，我国民营饲料企业集团初期阶段为规模扩张，目前的阶段上升到技术层次的提升，民营饲料企业集团发展很快，诞生了科技型企业，例如大北农、禾丰等。他们发展的先导为科技创新，中国饲料加工业的竞争能力在很大程度上得以提升。有些技术和产品已经有了很强的竞争力，达到了世界先进水平。例如挑战集团，它是高新技术股份制农业企业集团公司——中国农业科学院创办的大型集团，集科研开发、生产经营、技术服务、国内国际贸易于一体，以高科技含量的饲料添加剂、预混料和兽药为主要发展方向，集团以中国农业科学院、国家质检中心等科研院所为坚实后盾，拥有业界著名科研技术专家多名，迅速开发转化一大批专家学者研究出的国家级科技成果，并将其投放市场，密集的人才优势、严格的生产管理，有效地保证了集团产品质量的优越和稳定。

第二节 饲料加工业竞争力的评价方法

　　竞争力是通过角逐或比较而体现出来的综合能力，其参与者既可能是双方，也可能是多方。它是一种相对指标，它的体现必须通过竞争。确切地说，竞争力有大有小有强有弱，但又比较难将其准确衡量出来。竞争力根据不同的标准有不同的划分方法，按照竞争主体划分，可以将竞争力划分为以下四个方面：①产品竞争力；②企业竞争力；③产业竞争力；④区域竞争力，其将农村竞争力、城市竞争力及国家竞争力等包括在内。按照市场范围划分，竞争力可以分为国内竞争力与国际竞争力。按照竞争力主体与市场范围结合角度划分，竞争力可以分为以下三个方面：①产品国内竞争力与产品国际竞争力；②企业国内竞争力与企业国际竞争力；③产业国内竞争力与产业国际竞争力等。

　　产业竞争力是一个区域的概念，产业竞争力比较的范围是国家或地区，比较的内容是产业竞争优势，产业的比较生产力是产业竞争力的实质内容。比较生产力指的是一个产业或企业通过更为有效的方式持续生产出的产品，这种产品消费者愿意接受，而这是其他竞争对手无法达到的，这是该产业或企业能够获得期望经济效益的一种综合能力。总的来说，产业竞争力在产品、企业及产业的市场能力得以最终体现。因此，产业竞争力的分析对象应该是影响区域经济发展的各种因素——产业集聚、产业转移、区位优势等。

饲料加工业竞争力指的是饲料生产企业结合上游种植业和下游养殖业，与此同时，与畜产品加工、仓储、零售业相合作，其载体为市场，其整体为上中下游产业紧密结合的链条，依托有效的方式持续生产出质优价廉的饲料产品，在产品、管理、服务等环节优于竞争对手并由此获得期望经济效益的一种综合能力。饲料加工业竞争力与其他产业相同，其竞争力是一种整合的竞争力，通过各个环节的优势综合在一起表现整体竞争力，在饲料产品的相关方面得以最终体现，包含生产、产品、销售、服务等方面。

一、产业竞争力相关理论

产业竞争力相关理论主要有两个基础和渊源：

（一）比较优势理论

大卫·李嘉图在《政治经济学及赋税原理》这部代表作中提出了著名的比较成本贸易理论——后人称为"比较优势理论"。该理论认为，生产技术的相对差别以及由此产生的相对成本的差别（而不是绝对差别）是国际贸易发生的基础。每个国家应以"两利相权取其重，两弊相权取其轻"的原则为根据，将其具有"比较优势"的产品集中生产并出口，进口其具有"比较劣势"的产品。在更普遍的基础上，比较优势贸易理论解释了贸易发生的基础和利得，绝对优势贸易理论得以大大发展。

（二）竞争优势理论

由迈克尔·波特教授（哈佛大学商学研究院）提出，他认为，比较优势理论、规模经济理论这样的传统经济理论都不能有效地说明产业竞争力的来源,因为"在产业竞争中生产要素非但不再扮演决定性的角色,其价值也在快速消退中","规模经济理论有它的重要性,但该理论并没有回答我们关心的竞争优势问题"。因此,要想解释产业竞争力问题,必须采用竞争优势理论。它与比较优势不同,竞争优势指的是各国或各地区以相同产业为基础,以同一国际竞争环境为背景,所体现出来不同的市场竞争能力。

二、产业竞争力相关评价方法

虽然产业竞争力有多种评价方法,但其与产业竞争力理论相对应,常用的评价方法同样有两种:

(一)产业竞争力成因方法

1. 国际竞争优势分析法

国际竞争优势分析法是由迈克尔·波特提出的,大多学者也将该理论称为"钻石模型"理论。波特通过以对多个国家、多个产业的竞争力为研究对象,深入研究后发现,四种本国的决定因素和两种外部力量决定产业竞争力。四种本国的决定因素包括以下几个方面:①要素条件;②需求条件;③相关及支持产业;④公司的战略组织以及竞争。其中,要素条件包含人力、天然、知识及资本资源、基础设施等;需求条件以本国市场的需求为主;相关及支持产业指的是产业和该产业的上游产业链在国际市场上是否有竞争力;公司的战略、组织以及竞争指关于一国国内支配企业创建、组织和管理的相关条件。两种外部力量指的是随机事件的发生以及政府的行为。其中,产业竞争力的主要影响因素是前四个因素,其同时也是"钻石模型"的主体构成框架。产业竞争力水平的高低由四个因素共同决定,同时四个因素之间相互作用,形成一个不可分割的整体。以波特的"钻石模型"为基础建立的竞争优势理论,不但包含了比较优势理论,而且是对比较优势理论的补充和发展。如图 7-1 所示。

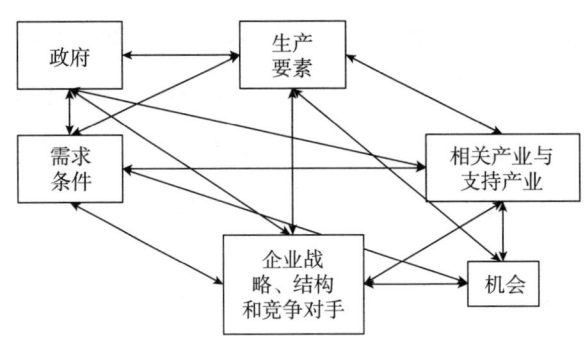

图 7-1 "钻石模型"

2. 竞争力过程方法

国际竞争力受到国外学者重视并加强研究,竞争力的资产和竞争力过程有机统一形成竞争力。竞争力资产是指原有的或创造的资产,比如自然资源和基础设施,竞争力资产是指将资产经过生产或经营转化为经济成果,然后通过国际化的竞争转化而来,用公式将其表示为:竞争力资产×竞争力过程=国际竞争力。中国学者以国际竞争力理论为依据,将其改造为产业竞争力,将产业环境因素加进来,用公式将其表示为:竞争力资产×竞争力过程×竞争力环境=产业竞争力。这也是中国学者在研究产业竞争力的主要贡献,以定量分析方法,它用竞争力指标体系这种具有数量表征特性的指标,解释了产业竞争力的形成机理。

(二) 产业竞争力计量分析方法

产业竞争力成因理论属于产业竞争力理论的一部分,其为定性分析部分。通过使用现代计量经济学分析方法,在此理论的基础上,对产业竞争力理论进行研究,就形成了产业竞争力的计量分析理论。产业竞争力计量分析理论的分析思路为以下几点:选择合理的竞争力评价指标为首要点,并对各指标进行科学分配权重，接下来构建求和模型；各指标采集数据为次要点，将经标准化处理后的数据套入求和公式，得到的结果即竞争力量化评估水平。在此分析中需要解决两个关键问题：一个是评价指标的合理选取方法及合理的指标体系的建立；另一个是对各指标科学地赋予权重方法。其中，在指标赋权方面，有以下几种方法可以采用，分别是统计学中的赋权理论、传统赋权方法、主成分分析法等现代数学计量方法。

三、饲料加工业竞争力指标构建和竞争力模型的建立

研究产业竞争力问题时，评价指标体系的选取最为重要，竞争力评价结果的客观性由评价指标体系来决定。产业竞争力的实质内容必须由评价指标体系真实准确地反映。在选取评价指标体系时，要坚持两个原则，即系统性和完整性，并按其内在的属性将指标进行安排，做到科学完整、层次清晰计算该过程。

产业竞争力评价指标体系进行指标选取时，不需选太多的指标，如果选择太多指标，主要指标的作用会被大量次要的指标掩盖。因此，应当选取主要指标（尽量用少而准确的指标）突出反映产业竞争力本质。另外，选择的指标应该具有容易获得和可以量化的特点，所选择的各项指标能够有效测度或统计。要舍弃那些看起来很"理想"，但数据的采集或者量化困难的指标。

（一）指标构建

本书通过产业竞争力的 5 个要素来构建评价东北地区饲料加工业竞争力，并运用因子分析的多元统计分析方法，综合评价我国各个行政区域的饲料加工业竞争力。

1. 竞争力实力要素

区域饲料加工业竞争力是通过饲料加工业实力要素来综合反映的，同时其也是显示性要素，主要通过该区域的生产经营水平及规模来反映。这里衡量竞争力

实力要素的指标为饲料产量（j1）和饲料企业数量（j2）。

2. 市场竞争力要素

饲料企业的饲料销售情况来体现区域饲料加工业的竞争力水平，市场化程度的高低同时也由此来体现，产业竞争力整体水平也受此直接影响，这里衡量饲料加工业市场竞争力的指标为全年营业收入（j3）和工业总产值（j4）。

3. 产业专业化要素

该产业与全国平均水平相比的专业化程度由产业专业化来体现，饲料业产值占该地区工业总产值的比重与全国饲料业产值占全国工业总产值的比重的比值可以得到饲料业相对专业化。这里衡量产业专业化要素的指标为产业专业化系数（j5）。

4. 管理竞争力要素

饲料企业的技术管理水平能够体现管理竞争力。管理竞争力属于竞争力中的软要素。这里衡量饲料行业管理竞争力要素的指标为饲料企业中技术人员人数（j6）。

5. 创新竞争力要素

饲料企业的生产创新能力能够考察该地区整体的竞争力水平，区域饲料行业综合竞争力受创新能力的高低直接制约，同时也制约着饲料业竞争力水平发展和决定未来的发展趋势。这里衡量地区饲料行业的创新能力的指标为企业中规模以上饲料企业专利数（j7）和规模以上饲料企业科技研发费用（j8）的人数。

为了在全国范围内东北地区饲料加工业竞争力的强弱程度得以较全面地反映，选取了各方面指标进行评价饲料加工业竞争力。如表7-3所示。

（二）竞争力模型的建立

本书对竞争力的评价研究主要通过引入多元统计的方法进行，该方法可以使最终的评价可比性较强，使竞争力的测评合理度提高。采用多元统计中的因子分

表7-3 饲料加工业竞争力综合评价指标体系

评价目标	一级指标	二级指标
饲料产业竞争力	竞争力实力要素	饲料总产量（j1）
		规模以上饲料企业数量（j2）
	市场竞争力要素	饲料企业全年营业收入（j3）
		饲料工业总产值（j4）
	产业专业化要素	产业专业化系数（j5）
	技术竞争力要素	饲料企业中技术人员人数（j6）
	创新竞争力要素	规模以上饲料企业专利数（j7）
		规模以上饲料企业科技研发费用（j8）

析方法对数据进行处理。因子分析法是一种多变量统计分析方法，其以变量内部相关的依赖关系为基础，把具有相关关系的变量归结并减少为少数几个综合因子。科学地将观测变量进行分类是它的基本思想，其做法是将相关性较高归结为同一类中，那么不同类变量之间的相关性就会降低很多，其实每一类变量实际上由一个基本结构所代表，即公共因子。首先将公共因子的线性函数化，其次通过该值与特殊因子之和来体现原来观测值的每一分量。

第三节 东北地区饲料加工业竞争力评价分析

一、数据来源

通过查询2013年《中国饲料工业年鉴》，并整理其他饲料统计资料，得到如表7-4所示的饲料加工业竞争力数据。

表7-4 2013年全国各行政区域饲料加工业竞争力指标数据

地区	饲料产量（吨）j1	规模以上饲料企业数量（家）j2	饲料企业营业收入（万元）j3	工业总产值（万元）j4	产业专业化系数 j5	饲料企业技术员数（人）j6	规模以上饲料企业专利数（个）j7	规模以上饲料企业科技研发费用（万元/年）j8
华东	45818480	3703	17426047	18720660	0.7128	17530	564	2750
华南	30989076	1274	10012882	9976285	1.2141	6718	253	956
华中	33462566	2293	10854406	10818586	1.2061	9236	341	1239
华北	23739074	2630	7918307	8012180	0.9787	13217	320	1473
西北	7669314	1130	2622093	2672530	1.1263	3798	63	400
西南	15353225	1678	6083002	6259692	1.496	8960	191	672
东北	23594677	2646	5834483	7022058	1.3298	9338	121	548

资料来源：根据2014年《中国饲料工业年鉴》和中商情报网统计资料及调研数据查询和整理得到。

二、分析结果

根据8个二级指标即j1~j8的数据，运用SPSS统计软件进行因子分析，对全国七个地区的竞争力进行总体评价，从而得到东北地区饲料加工业竞争力的强弱程度。分析过程和结果如下：

（一）相关分析

从表7-5中可以得出该结论，相关系数矩阵中，各个因子两两之间的Pearson相关系数值≥0.5，从该值可以看出变量之间具有较强的相关性，因此变量可以进行因子分析。

表7-5 相关系数矩阵

	j1	j2	j3	j4	j5	j6	j7	j8
j1	1.000	0.722	0.967	0.967	-0.595	0.741	0.897	0.849
j2	0.722	1.000	0.711	0.761	-0.628	0.934	0.755	0.806
j3	0.975	0.732	1.000	0.994	-0.663	0.788	0.962	0.927

续表

	j1	j2	j3	j4	j5	j6	j7	j8
j4	0.967	0.761	0.994	1.000	-0.669	0.815	0.949	0.929
j5	-0.595	-0.628	-0.663	-0.669	1.000	-0.660	-0.731	-0.840
j6	0.741	0.934	0.788	0.815	-0.660	1.000	0.867	0.899
j7	0.897	0.755	0.962	0.949	-0.731	0.867	1.000	0.974
j8	0.849	0.806	0.927	0.929	-0.840	0.899	0.974	1.000

（二）变量共同度和总方差分解表

在表7-6中，从提取的共同度数值（提取）来看，8个变量的共同度都比较大，最低值为0.774，表明变量空间在与因子空间进行转化时保留了比较多的信息，所以，可以相信因子分析的结果。

表7-6 变量共同度

	初始	提取
j1	1.000	0.964
j2	1.000	0.821
j3	1.000	0.996
j4	1.000	0.990
j5	1.000	0.774
j6	1.000	0.889
j7	1.000	0.952
j8	1.000	0.971

根据总方差分解表7-7中所示，在统计分析过程中共提取出2个因子，对原数据分别有84.791%和7.137%的解释力度，累计达到了91.960%的解释度，说明2个因子可以解释91.928%的原数据中信息，因子分析的结果是有说服力的。

表7-7 总方差分解

成分	初始特征值			提取平方和载入		
	合计	方差的%	累积%	合计	方差的%	累积%
1	6.788	84.845	84.845	6.783	84.791	84.791
2	0.569	7.115	91.960	0.571	7.137	91.928
3	0.463	5.793	97.753	—	—	—
4	0.140	1.746	99.500	—	—	—
5	0.024	0.301	99.801	—	—	—
6	0.016	0.199	100.000	—	—	—
7	0.361	0.952	100.000	—	—	—
8	0.172	0.964	100.000	—	—	—

(三) 旋转后的因子载荷矩阵

旋转后的因子载荷矩阵如表7-8所示，第一个因子主要分析了实力竞争力的指标，可以称其为基础竞争力因子；第二个因子主要分析了创新竞争力的指标，可以称其为创新竞争力因子。从两个因子的分析力度来看，区域竞争力因子分析的比例占84.84%，而创新竞争力的分析比例为7.115%，说明东北地区的饲料企业对基础条件的重视程度比较高，而对创新能力的重视程度低，从而导致创新能力不强，竞争力较差。

表7-8 旋转后的因子载荷矩阵

变量	成分	
	1	2
j1	0.940	0.375
j3	0.415	0.816
j4	0.897	0.438
j7	0.871	0.480
j5	-0.325	-0.801
j6	0.469	0.808
j2	0.784	0.585
j8	0.672	0.721

(四）因子得分系数矩阵

表7-9为因子得分系数矩阵，以因子得分系数和原始变量的观测值为基础，根据如下计算公式，可以得出各个观测量的因子得分。

表7-9 因子得分系数矩阵

	成分	
	1	2
j1	0.491	-0.338
j2	-0.289	0.506
j3	0.433	-0.266
j4	0.378	-0.204
j6	0.355	-0.561
j5	-0.211	0.432
j7	0.218	-0.026
j8	0.012	0.202

Factor1 = 0.491j1 - 0.289j2 + 0.433j3 + 0.378j4 - 0.355j5 - 0.211j6 + 0.218j7 + 0.012j8

Factor2 = -0.338j1 + 0.506j2 - 0.266j3 - 0.204j4 - 0.561j5 + 0.432j6 - 0.026j7 + 0.202j8

（五）综合得分

以两个主因子各自的贡献率为基础，并将在积累贡献率中的比重作为权重，根据如下计算公式，各地区饲料加工业竞争力的综合因子得分由此计算得出，计算结果如下：

综合得分 = (84.791/91.928) × Factor1 + (7.137/91.928) × Factor2

表7-10　各地区因子得分汇总

地区	因子1分值	因子2分值
华东地区	1.72717	-1.71414
华南地区	0.34697	-0.35573
华中地区	0.53673	-0.54643
华北地区	-0.17443	0.17325
西北地区	-1.39513	1.40186
西南地区	-0.73212	0.74342
东北地区	-0.30919	0.29778

表7-11　2013年全国各地区饲料加工业竞争力综合得分情况

地区	因子1分值	因子2分值	综合得分
华东地区	1.72717	-1.71414	1.72791
华南地区	0.34697	-0.35573	0.34647
华中地区	0.53673	-0.54643	0.53617
华北地区	-0.17443	0.17325	-0.17450
西北地区	-1.39513	1.40186	-1.39474
西南地区	-0.73212	0.74342	-0.73147
东北地区	-0.30919	0.29778	-0.30984

从综合得分情况看，在七个地区中，华东地区的综合得分大于1，竞争力最强；其次为华南和华中地区，得分大于0小于1，竞争力较强；华北、西北、西南、东北地区的综合得分小于0，竞争力较差。其中西北地区最差。

本章小结

在对七个地区的饲料加工业区域竞争力指标体系的构建过程中，从这5个重要因素中我们得知，七个地区存在差距非常大的竞争力，各地域饲料加工业区域竞争力方面的具体得分是通过因子分析的结果得到的，可分为以下三个等级：

综合得分大于1的地区为第一个等级，这个地区为华东地区，该地区可以看作我国饲料加工业竞争力最具有优势的代表。这个地区的饲料加工业在这5个要素上都拥有绝对的优势地位，而且全国大部分饲料龙头企业基本集中在该地区，有的支柱产业为饲料业，故此竞争力在全国居于前列。

得分小于1大于0的地区为第二等级，主要有华南和华中地区。这两个地区是我国饲料区域竞争力较具优势的代表。饲料加工业竞争力小于华东地区，主要是因为在饲料产量和专业化程度的比较中较靠前，其他方面比较全面。

得分小于0的地区为第三等级，主要有华北、西北、西南、东北地区。从构建的评价指标可以看出，这4个地区的指标要素排在较为靠后的位置，所以在进行综合竞争力的评价时其结果较低。因此，针对这些地区，在政策上应该给予相应程度的优惠和扶持，将产业基础建设为发展重点，将技术人才引进作为发展的关键，从而提高地区饲料加工业竞争力。

第八章 东北地区饲料加工业发展影响因素分析

通过以上几章内容的分析可以看出,东北地区饲料加工业内的小企业数量过多,为集中度偏低的市场结构。原子型的市场结构使东北地区的饲料企业表现为少数大型企业与众多中小型企业并存的"过度分散"和"两级分化"的市场结构状态。结构性壁垒和绝对成本壁垒都很低下,技术和资金壁垒缺乏,众多中小资本容易进入饲料加工业,这直接降低了市场集中度;从市场行为角度看,首先表现为成熟阶段的同质化竞争加剧,其次是行业壁垒较低以及养殖户分散经营程度较高。从市场绩效和竞争力评价看,东北地区饲料加工业的综合技术效率的指标较低,竞争力不强。涉及饲料采用的政策主要以国家的法律法规为主,地方性的政策出台很少,或者发挥的作用有限。

影响饲料加工业发展的因素有很多,主要包括宏观的经济政策环境、产业结构和产品结构的变化、上下游产业供求关系的变化、饲料企业自身的成本利润变化等。基于东北地区饲料加工业以上存在的问题,本书从产业结构、饲料加工业政策、饲料企业自身因素以及产品自身因素等方面来分析影响饲料加工业的主要因素,为东北地区饲料加工业发展的对策提供依据。

第八章 东北地区饲料加工业发展影响因素分析

第一节 东北地区饲料加工业结构因素分析

一、饲料加工企业间竞争情况

东北地区饲料企业数量众多，市场竞争加剧并处于无序的状态，行业的自律性较差，尤其是各个不同的饲料品种企业为了争夺市场大打价格战。在目前饲料原料价格大幅度上涨、小企业的技术研发能力不强的情况下，为了生存下去，必须不断调整产品配方、降低产品质量，导致市场上的产品良莠不齐。而且，由于东北地区饲料企业的规模普遍偏小，数量多，政府的监管措施和监管力度不够，这也是造成市场无序竞争的主要原因。

同时，东北地区本土的饲料加工企业的规模小，竞争能力不强，外省的大型饲料企业在产品的科技含量、产品质量和管理理念以及营销模式等方面都有很强的优势，对本土的饲料企业造成很大压力。以辽宁为例，仅2013年就有13家在全国排名前30名的饲料加工企业在辽宁落户。这些企业当年生产的饲料产量达到515.6万吨，占全省饲料产量的38.2%。

二、潜在进入者的威胁

饲料加工业是典型的劳动密集型产业，在市场未达到饱和状态时，或者在需求大于供给的某个阶段，市场还是有较高的投资回报率的。这种较高回报率，一方面推动着在位企业的迅速成长，规模扩大和利润增加；另一方面也吸引着越来越多的竞争者进入，在竞争的市场中寻找商机。同时，饲料加工业的进入壁垒低，准入门槛低，这导致在其发展的每个阶段都可能有大量的竞争者进入，在位企业受到已经进入和潜在进入企业的市场威胁。

三、饲料加工业的上下游产业发展影响

(一) 饲料加工业的上下游产业的发展直接影响饲料供给

如前所述，东北地区饲料的主要原料是玉米和豆粕，玉米和大豆的种植面积、产量以及国内国际市场价格对饲料的产量有直接影响。近年来，国内玉米和大豆的供给不足，东北地区虽然为这两类农作物的主产区，但部分产品运到了其他地区或出口到国外，再加上价格的波动，使东北地区饲料生产的波动变得常态化。

下游的养殖业受国家宏观经济环境和政策调整的影响较大，当宏观经济减速慢行时会影响到各个行业，养殖业也不例外。养殖业的低迷直接影响到饲料加工业，使饲料加工业的供给大大减少。相反，当宏观经济快速发展时，人民的收入提高，对畜产品的需求会增加，从而达到养殖业乃至饲料加工业的供给。此外，国家相关政策的调整也会直接影响饲料生产。如中央"八项规定"的出台，使粮食和畜产品的浪费减少，畜产品的浪费回归到正常消费的状态，受这一政策的影响，饲料产品的供给减少。

(二) 养殖业标准化、规模化程度低

东北地区整体的养殖业的规模化和标准化程度还很低，养殖方式还是延续着传统的养殖方式，养殖的规模化程度小，直接影响到养殖效益。通常情况下，大养殖户与大饲料供应商合作的能力比较强，并能够从中获得一定程度上的价格实惠。而小规模养殖户的价格谈判能力较弱，饲料采购方式难以取得主动权，基本以集贸市场购买或接受商贩上门销售为主，成本难以降低。而且，养殖业的标准化程度低也会使防疫的费用大幅上升，尤其对于"多、散、小"的养殖户来说，这些费用是难以控制的。成本的上升使养殖户的积极性受到影响，从而影响到与

养殖业密不可分的饲料加工业，对饲料加工业的企业规模和市场集中度产生影响。

养殖业的规模化是必然趋势，但影响养殖规模化的因素较多，主要包括以下几项：第一，国家和地方制定的关于动物疾病防制的法律和政策；第二，养殖水平导致的成本压力对规模化的影响；第三，当地的农村城镇化建设的速度；第四，政府关于养殖规模化的金融支持力度。

第二节 饲料加工业政策因素分析

一、饲料加工业的优惠和扶植政策

自从饲料加工业在我国发展以来，各个职能部门制定了若干个规范和扶持饲料加工业发展的法律法规和具体政策。东北地区的饲料加工业的法规和政策主要是以全国性的法律法规和政策为主，属于本地区的比较少，更多的是对全国性的法律法规和政策的解读及执行。东北三省普遍缺少对饲料加工业的扶持政策，仅有一个国家针对单一饲料、混合饲料、配合饲料、浓缩饲料、复合预混合饲料产品实行免征增值税的优惠政策。而其他的政策如信贷、税收以及土地等优惠政策是缺失的。

而且，饲料企业对现有的政策内容认知、政策效用认知也是不够的。饲料生产和销售企业尤其是小企业作为政策的直接受益者和最终受众，其政策的前期落实状况和是否全面宣传并有效实施很大程度上由认知水平衡量。本书利用东北三省 15 个地市 380 家饲料生产和销售企业进行了问卷调查，重点研究了饲料企业对饲料加工业政策内容认知和效用认知情况。整体而言，从对政策内容的认知角度看，380家受访企业对国家颁布的法律法规的认知状况较好，尤其是对《中华人民共和国食品安全法》《饲料和饲料添加剂生产许可办法》等法律认知情况良好，但对地方性的法规和政策认知情况较差。具体到各项政策的细节内容，一般了解的比例大约60%，不清楚的大约占20%，很了解的占20%。这恰恰说明了饲料企业对于各项法律法规的具体内容了解得不够深入和全面，导致政策的执行力较差。从政策的效用认知角度看，在受访饲料企业中，绝大多数认同饲料加工业政策积极促进产业发展。其中，占受访企业的70%以上认为政策实施有利于稳定有效促进饲料企业发展，政策实施有利于提高经营者的积极性。效用受影响的主要原因包括细节宣讲不够、传达不及时、补助发放不足额等问题。

二、饲料加工业的检测及监管体系

目前，针对饲料质量安全的相关法律体系还不完善，东北三省的饲料质量安全法律体系的可操作性和实用性不强，部门的分工不够明确，推诿扯皮的事情时有发生。而且，饲料质量标准体系不完善，专业的检测技术和设备落后，监管力度不够，不能有效地防止饲料质量安全事故的发生。主要表现在：第一，饲料添加剂的使用超标，尤其是一些禁止使用的促生长素等添加剂仍然被用于饲料的市场过程中，其潜在的食品安全问题不容忽视。第二，违禁药品的添加使用仍不能有效制止。一些饲料企业为了利益，不顾质量安全，超量违规使用抗生素等违禁药品。

东北三省的饲料检测机构普遍较少，地方财政对饲料检查设施的投入有限，导致检测的设备和检测手段都很落后，必要的经费短缺、专业技术人员缺乏，对众多的小企业，分布又很不均匀，很难做到对全部饲料企业生产的全程监管，即使是日常的抽检也很难保证。

第三节 饲料企业自身因素以及产品自身因素分析

一、饲料企业自身因素分析

未来，我国总人口仍然处于上升的趋势，随着经济的发展，人民生活水平的提高，畜产品的消费数量会大量增加，质量也会大幅度提升。东北地区乃至全国饲料资源总体上仍处于短缺状态。具体表现如下：

（一）饲料产量总体增速明显，但生产结构不够合理

从2003~2013年东北地区的饲料加工业的生产情况来看，2003年的饲料总产量为1200余万吨，到2013年增加到2600余万吨，从图8-1可以看出，东北地区饲料产品产量逐年呈现上升趋势，并且总体增速明显。

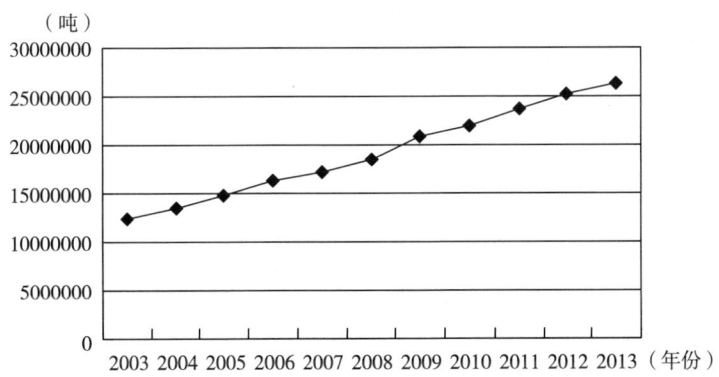

图8-1 2003~2013年东北地区饲料总产量走势

饲料产量总体增速明显,但饲料生产结构不够合理,饲料生产以混合饲料和单一饲料为主,浓缩饲料、预混合饲料和精饲料的补充料在饲料生产中所占的比例不高,仍停留在以生产混合饲料和单一饲料为主的阶段,饲料的利用率不高,畜禽的饲喂质量与国内发达地区和国际先进水平有很大差距。

(二)饲料企业运行成本加大

饲料企业的成本由不变成本和可变成本两部分组成。不变成本包括机器、设备、厂房等,可变成本主要是原材料的支出。饲料加工企业的生产流程相对简单,固定成本的投入在总成本中占比较小。可变成本中的原材料成本是饲料成本中的主要部分,其中,玉米、豆粕、氨基酸和各种维生素和矿物质是原材料的主要部分。玉米成本约占可变成本的50%,豆粕、鱼粉骨粉等约占40%,氨基酸、矿物质等约占4%。因此,玉米、豆粕价格的变化对饲料成本的变动会产生重大影响。近几年来,玉米、豆粕等饲料原料价格持续上涨,东北地区的饲料企业总成本上涨,收益下降,企业的利润空间进一步缩小。

近年来,饲料企业的各项经营管理费用逐年增加,其中以人工、电力、煤气等为主。2013年,东北地区的饲料企业的销售费用、管理费用、财务费用占营业成本的比例分别为3.54%、3.21%、0.68%,而2012年三者同期的比重为3.04%、2.73%、0.54%,2011年比重更低,分别为3.01%、2.66%、0.52%。

(三)饲料企业整合升级力度不够

近年来,更多的饲料企业开始努力寻求机会并着手进行升级改造。有的企业从设备改造升级着手,努力建立标准化生产体系,改善生产条件,严格依据国际化的标准进行生产,以满足新的饲料法规对饲料生产条件的要求,提高企业的竞争力;有的企业从规模生产角度入手,强强联合,进行企业重组,或者是小小联合,联营生产,使企业的规模化程度提高,管理更加规范化。通过上述手段来达到共同生存、共同发展的目的,也推动了饲料行业的转型和提升。一批企业经过资源重组和整合后,降低了成本,提高了生产率,技术水平得到大幅提升,但整合升级的力度不够，企业分布格局并没有发生实质性的改变。

（四）饲料企业管理制度和理念有待提升

东北地区的饲料企业以中小企业居多，企业管理的特点为粗放经营、管理理念落后、营销手段单一、管理人员的素质不高。这些企业的管理制度和理念与国内知名的大企业相比差距越来越大，主要表现在以下几个方面：第一，企业负责人的文化程度和管理水平不高，很多人不懂现代企业管理的理念，也就不能建立现代企业管理制度。而现代企业管理制度是企业生存和发展的重要保障。这要求这些饲料生产企业的负责人加强学习，树立现代企业管理的观念，学习先进的管理方法，重视企业形象，培育自己的品牌，重视科技创新，培育自己的企业文化。第二，企业不重视管理人员和员工的培训，管理人员缺少先进的管理水平、企划能力，销售人员缺少销售产品的市场经验和先进的营销观念、管理能力。第三，许多饲料企业不重视企业自身文化建设，这些企业的精力只集中在怎样开拓市场把产品卖出去，甚至不惜打价格战，并不重视企业内部管理和文化建设。

二、产品自身因素分析

（一）饲料产品结构的合理性有待提高

从2003～2013年的统计数据来看，东北地区饲料产品主要由配合饲料、浓缩饲料、添加剂预混合饲料组成。配合饲料和浓缩饲料呈缓慢上涨趋势，添加剂预混合饲料2003～2006年处于上涨趋势，在2006年达到产量最高，但从2006年产量开始大幅下降，2010年开始产量又有所回升。从产品结构看，配合饲料的比例最大，其次是浓缩饲料，预混合饲料所占的比重最小。从产品科技含量看，大多数东北地区的饲料企业产品科技含量不高，产品的控制技术较差，小企业的产品研发能力较弱，研发费用投入比较低，饲料转化率较低。

（二）饲料原料价格波动频繁

受国际、国内市场因素影响，原料价格波动是影响东北地区饲料产品价格变化的主要因素。以玉米、豆粕的平均价格为例,一直到2009年,玉米的平均价格基本保持不变,维持在1720元/吨左右,从2010年开始,国际国内市场开始波动,玉米价格迅速上涨,达到2010元/吨,涨幅达到了16.9%;2011年玉米价格继续保持上涨态势,达到2300元/吨,2012年又继续上涨,涨到了2480元/吨,到2013年玉米的平均价格有所下降,但仍处于较高的价位,价格稳定在2420元/吨左右。在豆粕方面,2006年以前的豆粕价格一直比较稳定,年平均价格一直保持在2400元/吨左右,从2007年开始,豆粕价格开始迅速上涨,达到3550元/吨,涨幅达到47.9%;2009~2011年,豆粕价格一直在3360元/吨上下波动;2012年上涨至3740元/吨。2013年,豆粕价格继续保持上涨的态势,1~12月累计均价涨到4150元/吨,创下了新的历史价位。玉米和豆粕价格的频繁波动使饲料加工企业的成本一直处于不稳定的状态。

(三) 食品安全及公共卫生事件影响

近年来,食品安全及公共卫生事件频出,"苏丹红鸭蛋""健美猪""疯牛病"等不断曝出的以畜产品为主的食品安全问题的新闻,使消费者对畜产品质量安全的信心受到打击,消费者对畜产品的消费水量下降,正常的畜产品消费被抑制,对畜禽养殖及产品产销造成严重冲击,养殖市场受到挤压,需求减少,每一次事件的代价都是畜禽养殖业的一片萧条。作为上游的饲料加工业,只能以减少供给来进行应对。

在经济快速发展的背景下,人民生活水平不断提高,人口数量也在增加,未来的食品消费数量还将继续增加,人们对食品的质量要求也会进一步提升,尤其是畜禽类食品的消费将在食品消费中占有越来越重要的地位,从而未来的饲料消费也将增加,这对饲料生产的安全和工艺规程及标准要求也将更高,为饲料企业的发展提供了机遇的同时也提出了挑战。根据以上的调研分析情况看,2016~2020年东北地区饲料粮的消费和供给都将保持不断增长的趋势,也就是说饲料的需求和供给都会持续上升,这也是经济迅速发展、人口持续增长、人民生活水平提高所形成的必然结果。经济快速发展,使国民收入不断提高,人均收入大幅度提高,带动了食品消费尤其是肉类食品消费的增长。人口的持续增长使粮食以及畜产品的消费量不断增加,生活水平的提高使居民的饮食结构发生改变,谷类食品在饮食结构中的消费下降,畜禽等肉类食品消费上升,粮食消费中的饲料粮的比重上升,口粮比重下降,饲料粮产量和饲料产量迅速增长。农业结构调整在未来会继续进行,畜牧业生产的比重逐渐上升,给饲料加工业的发展创造了非常好的机遇,供给和需求都有大幅上升的空间。

东北地区饲料的需求量和供给量的缺口一直存在,而且越来越大,饲料的生产并不能满足消费需求。因此,东北地区饲料加工业的发展,在未来的几年内在数据上表现为供不应求,但饲料的质量和喂养效率,饲料企业的科技创新能力、生产效率、规模效益都有待提升。

本章小结

东北地区饲料加工业的发展主要受到产业结构、饲料加工业政策、饲料企业自身因素以及产品自身等因素的影响。从产品结构因素看,饲料加工企业间竞争激烈、存在潜在进入者的威胁、饲料加工业的上下游产业的发展等直接影响饲料供给;从饲料加工业政策因素看,东北地区饲料加工业缺少优惠和扶植政策、饲料加工业的检测及监管体系不够健全、饲料企业对现有的政策内容认知、政策效用认知不够;从饲料企业自身因素以及产品自身等因素看,饲料加工业的生产和产品结构不够合理、饲料企业运行成本高、企业管理制度和理念有待提升以及食品安全及公共卫生事件构成阻碍东北地区饲料加工业快速健康发展的主要因素。

第九章 研究结论与对策建议

第一节 研究结论

本书以供求理论为基础,对东北地区饲料加工业的供给和需求情况进行了深入调研,结合调研情况,再根据已有的数据资料,对东北地区饲料加工业的现状和产业环境进行了分析。主要得出如下结论:

一、从东北地区饲料加工业的产业环境分析

一方面,经济快速发展,人口还会持续增长,在未来,食品的消费尤其是肉类食品消费还会继续增加,这必然导致粮食和畜产品的消费量增加,作为中间产品的饲料的需求将持续上升;另一方面,东北地区饲料粮的生产并不能满足消费需求,存在一定缺口,饲料的供给存在相对不足。也就是说,饲料的需求和供给都会持续上升,这也是经济迅速发展、人口持续增长、人民生活水平提高所形成的必然结果。总体来看,东北地区饲料加工业的产业环境有利于饲料加工业的

发展。

二、从东北地区饲料加工业结构角度分析

第一,从东北地区饲料加工业的集中度情况看,东北地区饲料加工业内的小企业数量过多,为集中度偏低的市场结构。这种市场结构对于东北地区饲料加工业的发展是非常不利的,过多的小企业为了赢得市场过度竞争,产品的差别化程度低,同质化严重,资源浪费、效率很低,由此造成行业内整体处于微利状态,只有少部分规模合理、竞争策略得当的企业有相对不错的盈利。大多数小企业的利润空间有限,基本处于亏损的边缘。但近几年东北地区的市场集中度不断提高,也意味着饲料企业正在通过各种手段进行着规模扩张,企业的整合和重组不断进行,整个行业的市场结构在不断调整中。

第二,从东北地区饲料加工业的差别化程度分析,原子型的市场结构使东北地区的饲料企业表现为少数大型企业与众多中小型企业并存的"过度分散"和"两级分化"的市场结构状态。大型企业主要通过扩大规模经济和提高企业的管理效率来降低生产成本,中小型企业通过地方保护和集中生产来获得小企业的市场优势。二者的市场差别化策略有所不同,因此在分析饲料加工业差别化策略时要区别对待。

第三,从东北地区饲料加工业的进入壁垒分析,首先,结构性壁垒低,饲料企业的生产要素在东北地区获得相对容易,甚至是优势。一般来说,新企业为了争夺市场,进入市场时会造成产品价格的下降,对在位企业是一种威胁,尤其是其盈利能力会下降。在位企业为了保持它的优势,会想方设法排挤和限制新企业的进入。因此,市场竞争是多元化的,包括卖方之间的竞争、在位企业同新进入企业的竞争、在位企业和潜在企业之间的竞争。其次,东北地区饲料加工业的绝对成本壁垒低,东北地区养殖业主要以小农户分散经营为主,这使东北地区饲料加工企业在一定的距离范围之内容易建立一个客户群,这个范围一般是100千米左右。因此，没有形成对中小资本饲料行业的进入障碍。最后，没有政策性壁垒。迄今为止，饲料工业的行业发展政策并未做出政策性壁垒规定，在缺乏技术和资金壁垒的情况下，众多中小资本容易进入饲料加工业。这直接降低了市场集中度。

三、从东北地区饲料加工业市场行为角度分析

饲料加工业的市场环境有其特殊性。对东北地区饲料加工业进行市场行为分析，首先要分析其市场环境，其次在特殊的市场环境下分析其价格行为和非价格行为。中国饲料加工业的区域性市场特征非常明显。在这种特殊的区域性市场环境下，中国饲料产品的交易也受到农户小规模分散经营的影响，在资产的专用性、交易频率和不确定性方面具有特殊性。东北地区饲料加工业已经从成长期向成熟期过渡，所面临的市场环境也具有了自身的特点。首先表现为成熟阶段的同质化竞争加剧，其次是行业壁垒较低以及养殖户分散经营程度较高。

在东北地区饲料加工业分散的市场结构条件下，任何一家饲料企业都无力控制饲料市场的价格，只能是价格接受者。但具有一定规模的地方性企业还是有能力采取限制性定价等方式，参与市场竞争，并在竞争中获胜。这也是饲料加工业区域性市场特征在定价行为上的具体体现。非价格策略主要包括营销策略、产品差异化策略、技术创新及并购重组等。

四、从东北地区饲料加工业市场绩效角度分析

东北地区的 X 效率指数较低，但逐年有所提高，这是由于受过度分散的原子型的市场结构影响。东北地区虽然属于养殖业和饲料加工业规模比较大的地区，但属于小农户分散经营的市场情况，所以规模效率相对较低，综合效率是前两个指标的乘积，因为前两个指标较低，导致东北地区综合效率的指标较低。在全国饲料加工业产品严重同质化和技术创新不足的背景下，东北地区饲料加工业的相关技术还有了一定程度的发展。

进而得出东北地区饲料加工业的SCP之间的关系：饲料加工业的市场结构决定了其市场行为，二者的运行特征进而影响到市场绩效。东北地区饲料加工业集中度偏低，因而市场竞争十分激烈。在以上市场结构和市场行为的作用下，东北地区饲料加工业的市场绩效主要通过纯技术效率、规模效率和生产率指标实现。从总体情况看，虽然每年的总产量和利润都有不同程度的增加，但总体实力与国内外发达地区相比仍然有很大差距。

五、从东北地区饲料加工业的竞争力分析

根据因子分析的输出结果可以得到区域竞争力方面的得分，比较全国饲料加工业区域竞争力的得分情况，可分为三个等级：东北地区属于第三等级，综合竞争力的评价结果较低。第一等级是综合得分大于1的地区，这个地区为华东地区。第二等级是得分小于1大于0的地区，主要有华南和华中地区。第三等级是得分小于0的地区，主要有华北、西北、西南、东北地区。

六、从东北地区饲料加工业的影响因素分析

从产品结构因素看，饲料加工企业间竞争激烈，存在着潜在进入者的威胁、饲料加工业的上下游产业的发展直接影响饲料供给；从饲料加工业政策因素看，东北地区饲料加工业缺少优惠和扶植政策、饲料加工业的检测及监管体系不够健全、饲料企业对现有的政策内容认知、政策效用认知不够；从饲料企业自身因素以及产品自身等因素看，饲料加工业的生产和产品结构不够合理、饲料企业运行成本高、企业管理制度和理念有待提升以及食品安全及公共卫生事件构成阻碍东北地区饲料加工业快速健康发展的主要因素。

第二节 东北地区饲料加工业发展对策建议

一、加快产业结构调整，促进东北地区饲料加工业的整合

东北地区饲料加工业集中度低的现状必须改变，改变的首要措施是对东北地区饲料加工业进行结构调整，促进产业的整合。目前，很多饲料企业对市场情况缺乏了解，盲目生产或者盲目跟从，生产的产品结构品种雷同。政府有必要通过政策调节手段支持饲料生产企业通过管理和技术手段提高自身规模，将企业做大做强，鼓励和支持饲料企业通过纵向一体化和横向一体化的手段进行兼并与重组，提高饲料行业的集中度，扩大企业的规模。

既可以通过强强联合、强弱兼并的横向方式调整，也可以实行纵向一体化经营战略，以优秀的企业为龙头，将产业链上的饲料生产企业、屠宰企业和食品加工企业联系起来，提高整合程度，还可以将饲料的上游种植业和下游养殖业联系起来，形成上中下游相结合的产业链。具体可以采取以下几种发展模式：①产业化经营模式，与上游种植户签订订单，保证原料价格的稳定，同时向下游的养殖业和屠宰加工业延伸，组建龙头企业，形成原料种植、饲料生产、养殖、产品加工一体化经营的联合体，实行产业化经营。②农村合作社经营模式，这是一种三位一体的合作模式，三方分别为政府、饲料企业和养殖企业，由政府牵头，将饲料企业的产业链延长到畜禽养殖、食品加工和产品销售，组建专业合作组织，实现一体化的生产、养殖、加工和销售，将市场的风险降低，收益增加。③合约模式，这种方式是由饲料企业与养殖户直接签订饲料供应合同，主要作用是减少流通环节，降低价格风险，保障饲料的需求稳定，实现共同发展的目标。

目前，饲料加工业与上下游产业的整合重组已经成为世界饲料加工业发展的趋势，欧美各国政府都非常重视。这种整合和重组对于原料的选择、环境的保护、资源的有效利用、食品安全以及改变传统的畜牧业生产方式具有十分重要的意义。整合和重组是未来饲料企业的发展方向，各级政府在这一过程中应该发挥导向作用，进行结构调整，将东北地区的饲料加工业不断做大做强。

二、制定和完善饲料加工业法律法规，提高行业准入标准

在饲料加工业的发展过程中，饲料法制建设必须走在前面并且要形成完整的体系，现行有关饲料加工业法律、法规主要有《中华人民共和国食品安全法》和《饲料和饲料添加剂管理条例》，《饲料和饲料添加剂管理条例》属于饲料和添加剂行业的专项国家法规。除此之外，还有与之配套的《饲料添加剂和添加剂预混合饲料生产许可证管理办法》《新饲料和新饲料添加剂管理办法》《饲料药物添加剂使用规范》《饲料添加剂安全使用规范》等法规。这些法规在确保饲料产品质量安全、食品安全等方面具有非常重要的作用。但由于我国饲料加工业发展较晚，在饲料管理法律法规建设方面与发达国家相比还有较大差距。比如，欧盟的饲料安全管理的法律法规的内容更全面、规范性和可操作性更强。特别是药物添加剂、生物类添加剂的法规更加科学系统。

在遵守现有的饲料法律法规的基础上，首先，东北地区的各级饲料管理部门应该对药物添加剂，尤其是加有药物饲料的浓缩饲料、配合饲料、混合饲料的合理使用加强执法检查。其次，要对饲料和饲料添加剂的安全生产制定更为详细的实施细则，制定饲料和饲料添加剂安全性和有效性评价的详细指南，规范和明确饲料产品的标识，使饲料加工业的建设、生产、经营和使用各环节都有法可依。最后，应该加强对饲料管理法规的宣传与培训，提高饲料管理法律法规的普及力度。

饲料行业准入门槛低一直以来是行业的主要特征，导致饲料行业的市场竞争尤为激烈，大量小企业并存不利于产业的发展。行业准入标准的适当提高有利于

行业的发展，因此政府应该着手制定或提高相关准入标准。饲料企业的机械设备、工艺工序的准入标准应该提高，饲料质量及安全等方面的准入标准应该更加严格规范，饲料生产企业资质的审批监管工作应该加强。门槛提高后，不符合标准的企业被拒之门外，政府要对符合准入标准的饲料企业在政策、资金等方面大力扶持和鼓励，将企业做大做强。

除了提高准入制度外，政府主管部门还应该启动饲料加工业的强制退出机制。规定以下几类企业必须退出：一是不符合准入标准的企业；二是生产条件、生产设备和生产工艺不能达到生产合格产品要求的企业；三是出现了产品安全问题的企业。对这些企业要实行零容忍的态度，坚决要求其退出市场，从而保证市场的公平竞争，保证饲料加工业的健康持续发展。

三、形成完善的质量和安全标准化体系，进行饲料全过程监管

饲料行业的质量和安全标准化体系的建立关系到饲料和食品的安全，也是进行饲料企业生产监管的主要依据。饲料企业的质量和安全标准化体系通常包括饲料通用性安全标准体系、饲料卫生标准体系、添加剂标准体系和饲料监测方法标准体系。近年来，世界范围的食品安全事件频发，直接危害到了养殖业的安全以及消费者的健康，各国对食品安全的担忧普遍存在。多起食品安全事件的起因是由饲料安全原因而引发的，如始于英国的"疯牛病"事件和比利时的"二噁英"污染饲料事件。可以预见，对食品安全的重视将成为饲料企业竞争力提升的重要因素，也会对饲料生产企业的效益产生重要影响，国内饲料的安全直接影响到了我国畜产品的国内消费和出口。因此，政府和饲料企业都要重视饲料的质量安全问题，树立饲料安全就是食品安全的理念，严把质量关，保证安全的饲料进入市场；政府要重视饲料质量和安全标准的制定及修订，同时加强标准的执行和监管，加强饲料生产企业的安全监控，从各个环节保障消费者的食品安全和提升饲料加工业的竞争力。

第九章 研究结论与对策建议

目前,东北地区的省、地、县级三位一体的饲料质量和安全标准化体系没有真正形成,监测和检测手段标准也不完全统一,基本上是各自为政。东北三省的饲料监管仍然处于多头管理和政出多门的状态,农业部门、畜牧业部门、质监质检部门和饲料工业协会对饲料企业都有监管的权限,遇到具体的饲料安全等监管问题时互相推诿扯皮的现象时有发生。要提高东北地区饲料加工业中产品质量和安全性,加强对饲料加工业的生产监管,建立切实可行的饲料生产监管手段和措施,政府部门应该从以下几个方面采取措施:

一是进行严格的饲料质量安全监管。安全监管的核心是要求饲料企业在生产过程中进行严格的工序管理。近年来,东北三省的各级政府和饲料企业都很重视饲料安全管理,关于饲料安全管理的相关条例也出台了,各级饲料质监质检部门对饲料质量安全工作也很重视,饲料质量安全监管工作取得了一定成效,饲料和食品质量安全事件大幅减少。但有些企业法制观念淡薄,对安全问题的重视程度不同,仍存在滥用违禁药品、滥用食品添加剂等现象,饲料安全问题仍然很突出。因此,政府应该加大对饲料生产过程和产品品质控制的监管力度。应该建立三位一体的饲料监测体系,以省部级饲料监测中心为核心,地市级建立饲料监测站,以地级饲料监测站为中心,再建立县级饲料监测站,以此为基础,全面提高饲料监测水平。同时,政府应该严格执行饲料企业的市场准入制度,提高准入门槛,以现有的饲料法律法规为基础,加强对饲料的过程管理和产品质量的监测,为东北地区饲料加工业的发展创造良好的环境。

二是大力推行饲料企业产品质量安全认证工作。产品质量认证是强化产品质量安全管理的一项重要措施,获得产品质量认证是获得产品信誉的标志。产品质量认证主要包括HACCP(Hazard Analysis Critical Control Point)和ISO 9000质量管理体系的认证。HACCP表示危害分析的临界控制点,该体系是国际上著名的食品安全保证体系,该体系主要是对食品中微生物、化学和物理危害进行安全控制,开展HACCP认证体系的主要是食品领域。通过认证的产品容易被消费者所认可，市场竞争力得到提升，同时，HACCP认证与国际接轨，有利于饲料产品和农产品的出口。东北地区饲料生产企业和食品企业数量众多，为了将食品安全事件的发生率降到最低，推行HACCP认证是非常必要的，它可以通过较少的投资取得最好的效果。ISO 9000质量管理体系是由国际标准化组织（ISO）制定的，是企业发展与成长之根本。建立ISO 9000质量保证体系可使企业和组织体会到以下一些益处：该体系能够使生产企业有明确的质量标准，完善企业的质量管理，在有序的组织运行中获得更大的效益；容易获得顾客的认可，对认证的产品或服务有了更大的信任；以较小的投入享有一个更大的市场份额；能够在要求ISO 9000认证的市场中畅通无阻。根据东北地区饲料加工业发展的现状，政府应该着重推行两项产品质量认证的管理工作，鼓励质量管理工作做得好的优秀企业积极申报，扶持获得质量认证的饲料企业积极培育名牌产品，提高饲料加工业的市场竞争能力。

三是建立饲料加工业行政管理体系。首先，认真贯彻《饲料和饲料添加剂管理条例》，这是饲料安全管理的法律基础，在该条例的约束下，实现饲料生产的全过程管理，尤其是要全程进行生产记录、严格按照饲料添加剂使用规范和标准进行生产，对质量安全实行追溯监管制度。其次，针对目前政出多门、互相推诿的现状，要建立起地区间饲料管理工作相互配合、相互协调的机制。再次，明确职能部门的权限，正确划分责任。对于承担饲料安全监管的主管部门，要明确部门的权力和责任，树立该部门业务监管的权威性。最后，明确饲料行政执法部门的职能，将具体的职责进行细化，设立具体的办事机构，配备高素质的执法人员。执法人员除了要具备基本的专业知识以外，还要对相关的法律、政策非常熟悉，而且清正廉洁、作风过硬、纪律严明。

四、坚持科技创新，推进饲料加工业的技术进步

随着经济转型升级速度的加快，饲料企业之间的竞争越来越激烈，饲料企业

第九章 研究结论与对策建议

的利润空间在逐步缩小,如何在上游原材料涨价、下游的需求不稳定的夹缝中生存,饲料企业必须想办法获得足够的生存空间。在这个过程中,营销模式的选择是市场占有率的关键。另外,规模经济的要求使饲料生产更多是以企业的形式存在,无论大小都为自身的生存而谋略。

科技创新是饲料企业的灵魂,也是企业生存和发展的源泉,东北地区饲料企业应紧紧抓住这条主线。东北地区饲料加工业集中度和进入壁垒低,导致大量小企业纷纷涌入市场,很多小企业的生产条件很差,产品的技术含量很低并且品种单一,小规模作坊式的生产和经营不能形成国民效益,生产效率低下。小企业实力不足导致的结果是,这些企业的同质化现象严重,基本是模仿优质产品的设计规格,创新不足,生产的产品没有新意,技术含量也不高,企业的竞争力基本没有。当前东北地区饲料企业面临的最大问题不在于市场本身供给需求的变化,而在于企业自身能否坚持科技创新,技术创新是企业的核心竞争力的先决条件,对企业的生存状况以及未来的发展前景有着决定作用。从总体看来,东北地区的饲料企业对科技创新的重视程度不够,与省外国内知名饲料大企业相比差距很大,核心竞争力不强。针对不同规模和实力的饲料企业可以采取不同的措施。

针对大中型饲料企业而言,提高技术创新能力是企业发展的关键,大中型饲料企业建立或完善饲料研发中心很有必要,东北三省的高校众多,东北林业大学、吉林农业大学等高校及三省的农科院关于饲料的研究成果都很丰富,研发中心应充分利用东北地区众多高校和科研院所的优势。饲料研发中心应以饲料产学研联合体的形式组建。新型的饲料产学研联合体是提高技术创新能力的有效途径,产学研联合体由饲料生产企业、科研单位、高校组成,三方合作开展多种形式的技术研发和成果转化,优势互补。针对饲料研发中心,大中型饲料企业应该从资金、技术、人才等方面不断加大对产品研发的投入力度,健全自己坚强有力的研发团队,提高产品科技含量,开发产品的核心技术,提升企业和产品核心竞争力。大北农、通威等许多大中型企业都拥有自己的研发团队,企业科技研发投

· 149 ·

入比重也在不断提高。

为了促进东北地区饲料企业的技术进步,政府应该针对企业的技术研发和推广、饲料市场信息平台的搭建、质量和安全监测体系的完善、规模化优质饲料生产基地的建设等方面给予资金的大力支持。对符合行业准入门槛的饲料企业,财政部门应该有计划、有针对性地投入资金。资金的投向应该有利于技术进步,有利于饲料新技术的开发和推广,以及所有能够促进饲料企业技术进步的领域。除了投入资金支持产业发展以外,政府还应该充分发挥金融支持的作用,充分发挥信贷的扶持作用,拓宽金融服务领域,提高服务水平,对饲料企业的发展给予金融支持。对于有实力的大中型饲料企业,鼓励其建立自己的技术研发中心,逐年增加研发资金额投入,改善研发条件,增加饲料产品的技术含量,获得技术创新所带来的利益。

五、加大教育培训力度,提高饲料加工业人员素质

饲料加工业的主管部门应加大教育培训的力度,开展职业技能鉴定与培训是首要工作,这对培养更多的饲料技术专业人才很有必要;同时,技术推广和技术咨询服务应该常态化,尤其是社会效益显著的公益性关键技术的推广和示范,技术的推广和咨询及示范应该采取多种形式,鼓励饲料协会、企业、科研单位和高校参与其中,发挥各自的作用;实行持证上岗制度,对饲料加工业的技术岗位要求高素质、懂技术的人员上岗,在饲料生产的研发和生产的关键岗位执行持证上岗制度。

目前,从东北地区饲料加工业的人才情况看,掌握高技术的专业人才缺乏,尤其是知识结构完整的高层次人才缺乏,后备人才储备不足,大型饲料企业的高层次人才的比例不超过技术人才的10%,小企业更是不足。东北三省的高校中相关专业实力雄厚,比如吉林农业大学的畜牧兽医专业,每年培养了大批的高层次人才,但大部分学生外流到以东部沿海地区为代表的发达省份,留在东北工作的人数量有限。因此,政府部门应该制订相关人才计划,提供优惠条件,鼓励学有所成的高技术人才留在东北地区工作。而且,要发挥现有专业技术力量,加大对饲料从业人员的培训力度,尤其是基层技术人员的技能培训。加大对农村基层技术推广和服务的扶持力度,逐步改变基层部门技术人员专业素质不高,经费投入不足,基础设施和装备老化的问题。

第三节 研究展望

东北地区饲料加工业经过了30多年的发展,已经迈入了成熟阶段,饲料企业面临着一个发展、竞争、淘汰的格局。在激烈的市场竞争环境下,未来几年内,饲料加工业会呈现出几个不同的发展趋势,所有的饲料企业都必须采取措施认真应对。

第一,随着东北地区饲料加工业市场集中度的提高,在未来的几年中,将有大量的小企业主动或被动地退出市场,而饲料加工业市场集中度提升的驱动力来自下游养殖业规模化程度的大小。养殖业的规模化发展是未来行业发展的必然趋势,小养殖户的市场竞争能力不强,无法与规模经营的大养殖户相抗衡,逐渐也就被淘汰了,大型饲料企业所占的份额越来越多。而竞争的加剧使饲料企业的利润率进一步降低,这一趋势将延续甚至深化。

第二,饲料行业进入高成本和资本时代。随着饲料加工业国际化进程的加快,无论是原料市场还是饲料市场都与国际接轨,东北地区的饲料加工业也将进入高成本时代和资本时代。而且,随着饲料加工业的进一步发展,劳动密集型和资本密集型并存的产业特点将逐步显露,更多的饲料企业会多方面谋求资金,更多的饲料企业会将目光瞄准证券市场。

第三，随着"互联网+"时代的到来，饲料加工业将全面进入信息时代。传统的生产和经营方式将受到严峻挑战，饲料企业的生产经营将更多地依靠电子商务、网络技术服务平台，饲料加工业的全面信息化成为必然。更多的企业开始向 B2B、B2C 等互联网模式转变，以便取得竞争优势。

第四，饲料行业将进入"混业经营"时代，混业经营是将饲料加工业的产业链拉长，大型饲料企业将逐步组建企业集团，集团的经营范围是饲料生产和养殖综合服务，甚至延伸到食品加工领域，或者是涉足兽药、疫苗领域。为了分散风险，提高竞争能力，延伸产业链，进行混业经营才能更好地抵抗风险。未来的养殖业的规模化、专业化水平将会提高。

第五，更多企业认识到承担社会责任的重要意义。更深刻地认识到：社会效益和经济效益是并存的，过分强调经济效益而忽视社会效益的企业是很难长久生存的。越来越多的饲料企业认识到只有将社会责任和企业目标结合起来，企业才会做大，才会走得更远。

参考文献

[1] 李大龙. 关于东北地域族群与文化整合的几点思考 [J]. 黑龙江社会科学, 2015 (1).

[2] 张锋. 中国饲料加工业产业组织研究 [D]. 石河子大学博士学位论文, 2013.

[3] 陶良虎, 张道金. 产业竞争力理论体系的构建 [N]. 光明日报, 2006-02-07.

[4] 余海潮. 饲料企业纵向一体化经营对企业绩效的影响研究 [D]. 沈阳航空航天大学博士学位论文, 2013.

[5] 中国饲料工业协会. 目前饲料行业运行情况 [M]. 北京：中国农业出版社, 2007.

[6] 程国强, 周应华, 王济民, 史照林. 中国饲料供给与需求的估计[J]. 农业经济问题, 1997 (5).

[7] 王征南. 新时期我国饲料工业发展战略研究报告 [D]. 中国农业科学院博士学位论文, 2005.

[8] 曾德勇, 薛立群, 郑小平. 饲料霉菌毒素脱毒剂在养猪业中应用[J]. 湖南畜牧兽医, 2006 (12).

［9］曾德勇，侯小锋．2007年全球饲料业全景：全球饲料产量的增长区域［J］．中国畜牧杂志，2008（2）．

［10］杨在宾，刘丽．我国饲料业的发展及饲料资源供求现状浅析［J］．饲料工业，2008（10）．

［11］罗如学，杨艳．我国饲料业营销环境分析［J］．湖南饲料，2009（7）．

［12］杨光，肖海峰．我国生猪养殖户饲料需求行为分析——基于对辽宁、河北生猪养殖户的问卷调查［J］．技术经济，2010（4）．

［13］朱增勇，母锁淼．世界和主要肉类生产国的消费结构分析［J］．农业展望，2012（6）．

［14］张沛琪．江苏省粮食消费影响因素分析与中长期粮食生产—消费平衡预测——以近10年为例［D］．南京农业大学博士学位论文，2013．

［15］王征南．论农业结构调整中核心产业的关联与带动作用——以饲料产业为例［J］．当代经济研究，2003（5）．

［16］张琳．我国饲料企业竞争力研究［D］．西北农林科技大学博士学位论文，2004．

［17］胡浩，刘丽．中国饲料加工业产业组织分析［J］．饲料研究，2006（6）．

［18］李瑾，秦富．畜牧产业结构调整影响因素分析［J］．中国畜牧杂志，2007（9）．

［19］尹义坤，雷庆勇，李思．吉林省玉米产业结构调整的理论与实证分析［J］．农业经济，2008（8）．

［20］李大兵，刘显军，陈静．饲料加工企业成长战略选择——基于行业竞争结构的分析视角［J］．中国畜牧杂志，2009（9）．

［21］刘艳婷．我国低集中度市场结构的形成原因及对策［J］．商业研究，

2010（9）.

［22］李大兵，翟印礼，姜汝．饲料加工企业成长：特性分析与策略选择［J］．理论界，2010（6）.

［23］彭超．河北省饲料企业发展问题研究［D］．河北农业大学博士学位论文，2011.

［24］周海川．中国饲料工业产业集中度分析［J］．天津商业大学学报，2013（1）.

［25］刘训翰，周海川，孙永生．饲料产业集中度对企业经营绩效的影响［J］．世界农业，2013（4）.

［26］朱行．新世纪世界饲料市场贸易形势展望［J］．河北畜牧兽医，2000（2）.

［27］刘玉龙．我国畜牧生产者的产品价格风险及对策［D］．首都经济贸易大学博士学位论文，2006.

［28］李爱科，郝淑红，张晓琳，綦文涛．我国饲料资源开发现状及前景展望［J］．畜牧市场，2007（9）.

［29］王佳友．湖南饲料产业发展战略研究［J］．湖南农业科学，2009（11）.

［30］解沛，王征南，范润梅．中外饲料产业发展概况和饲料质量安全问题现状［J］．饲料工业，2010（1）.

［31］于家丰．辽宁省饲料工业发展调查报告［J］．现代畜牧兽医，2011（8）.

［32］张秀青．我国饲料产业发展形势分析——兼对南方饲料企业的调研报告［J］．农业展望，2012（8）.

［33］伍文彬．吉林省玉米生产现状调查——以桦甸和农安为例［D］．吉林农业大学博士学位论文，2012.

[34] 田尊明,于建荣.生物饲料产业发展态势分析[J].生物产业技术,2014(9).

[35] 张琳.我国饲料企业竞争力研究[D].西北农林科技大学博士学位论文,2004.

[36] 杨刚.铁骑力士集团饲料业务的战略分析及管理策略[D].西南交通大学博士学位论文,2005.

[37] 史利清.饲料企业如何培育核心竞争力[J].饲料工业,2006(2).

[38] 张利庠,谭智心.我国饲料产业区域竞争力评价分析[J].农业技术经济,2007(3).

[39] 马男.黑龙江省饲料产业竞争力研究[D].东北农业大学博士学位论文,2009.

[40] 宁攸凉,乔娟,宁泽逵.中国省域饲料产业竞争力的实证研究[J].农业技术经济,2011(6).

[41] 陈丽君.福建地区饲料企业核心竞争力研究[D].福建农林大学博士学位论文,2013.

[42] 杨振海,张志青,樊霞.国外饲料法律制度综述[J].中国饲料,2006(5).

[43] 薛凤蕊,王余丁.美国饲料产业的发展对中国的启示[J].饲料工业,2011(7).

[44] 田波,王雅鹏.中国饲料产业发展现状与市场整合及政策建议[J].农业现代化研究,2014(1).

[45] 李悦,李平.产业经济学[M].大连:东北财经大学出版社,2002.

[46] Coase, R. H. The Problem of Social Cost [J]. Journal of Law and Economics, 1960 (3): 7–14.

[47] 王艾敏.中国饲料加工业区域集中与效率研究[D].南京农业大学

博士学位论文，2012.

［48］泰勒尔. 产业组织理论［M］. 北京：中国人民大学出版社，1997.

［49］马歇尔. 经济学原理［M］. 北京：中国社会科学出版社，1997.

［50］农业部. 饲料业"十二五"发展规划［J］. 中国饲料，2011（20）.

［51］保罗·萨缪尔森. 经济学（第19版）［M］. 北京：商务印书馆，2012.

［52］苏东水. 产业经济学（第4版）［M］. 北京：高等教育出版社，2015.

［53］Blang, M. The Methodology of Economics or How Economists Explain［M］. Cambridge，1995.

［54］Kenneth J. Arrow. Individual Choice Under Certainty and Uncertainty［M］. The Free Press，1975.

［55］Timlundeen. Feed industry events summarized［J］. Feed International，2009（30）：1.

［56］艾莉，杜丽萍. 产业竞争力理论述评［J］. 商业时代，2010（12）.

［57］Clayton Gill. Near term uncertain, longer term brighter［J］. Feed International，2002（1）：7-14.

［58］冷建飞，陈超. 乳品上市公司竞争力评价的实证研究［J］. 南京农业大学学报，2005（9）.

［59］Best, P. World feed panorama：Global feed volumes grow again［J］. Feed International，2009（1）：7-14.

［60］刘丽. 我国饲料加工业市场结构实证分析［D］. 南京农业大学硕士学位论文，2007.

［61］张华伟，武刚尧. 产业竞争力理论研究框架——基于几种研究范式的分析［J］. 研究与探讨，2007（2）.

［62］高鸿宾. 着眼饲料工业强国大目标 开创饲料工作新局面［J］. 中国畜牧业，2012（6）.

［63］苗珊珊，徐永金，陆迁．中国三大区域玉米产量及增长率的因素分解［J］．湖北农业科学，2014（6）．

［64］田波．中国饲料产业链整合问题研究［D］．华中农业大学博士学位论文，2013．

［65］夏元甲．我国制药行业集中度问题研究［J］．现代预防医学，2014（10）．

［66］杨公仆，夏大慰．现代产业经济学［M］．上海：上海财经大学出版社，2005．

［67］http：//wiki．mbalib．com/wiki/%e8%b5%ab%e8%8a%ac%e8%be%be%e5%b0%94%e2%80%94%e8%b5%ab%e5%b8%8c%e6%9b%bc%e6%8c%87%e6%95%b0．

［68］http：//www．ixumu．com/forum．php？extra＝page%3D1&mod＝viewthread&tid＝68790．

［69］杨丽霞．黑龙江省饲料加工业的产业组织研究［D］．长春理工大学博士学位论文，2015．

［70］邬义钧，邱钧．产业经济学［M］．北京：中国统计出版社，2001．

［71］杨建文，周冯琦．产业组织——21世纪理论研究潮流［M］．上海：学林出版社，2003．

［72］2015年全球饲料调查报告［EB/OL］，农产品期货网，http：//www．ncpqh．com．cn．

［73］http：//www．feedtrade．com．cn/news/enterprise．

［74］文阁．饲料行业竞争的新格局及其影响［J］．饲料博览，2007（3）．

［75］https：//www．toutiao．com/i6278597637297930754/．

［76］大卫·李嘉图．政治经济学及赋税原理［M］．上海：译林出版社，2013．

[77] 迈克尔·波特. 竞争战略 [M]. 北京：中信出版社，2014.

[78] 丁强，王征南. 饲料产业在国民经济中的地位与影响 [J]. 饲料研究，2010（2）.

[79] 范润梅，王征南. 产业链相关行业对饲料产业的影响分析 [J]. 饲料广角，2014（1）.

[80] 唐守营. 我国饲料企业产业化经营模式研究 [D]. 中国农业科学院博士学位论文，2009.

[81] 杜玲. 我国饲料企业现状及营销策略分析 [J]. 中国集体经济，2011（13）.

[82] 高倩倩. 基于产业链视角的河北省奶业发展问题研究 [D]. 河北农业大学博士学位论文，2015.

[83] 周曙光. 浅析我国饲料法律法规体系存在的问题 [J]. 饲料工业，2015（15）.

[84] 刘诚. 国内外饲料质量安全管理比较 [J]. 天津商业大学学报，2013（1）.

[85] 李姿. 饲料加工业集群与玉米产业带的空间布局协调发展研究 [D]. 湖南科技大学博士学位论文，2015.

[86] 邵飞. 我国玉米产业技术进步的福利效应分析 [J]. 科技进步与对策，2011（14）.

[87] 杨树果. 中国大豆产业状况和观点思考 [J]. 中国农村经济，2014（4）.

[88] 何丽嫒. 2012年中国豆粕市场回顾及2013年预测 [J]. 中国畜牧杂志，2013（4）.

[89] 杨树果. 产业链视角下的中国大豆产业经济研究 [D]. 中国农业大学博士学位论文，2014.

[90] 周海文,周海川. 中国饲料原料解决路径评估 [J]. 经济与管理研究,2015 (4).

[91] 刘希,李彤. 我国原料奶生产现状及影响因素分析 [J]. 中国畜牧杂志,2015 (8).

[92] 王刚,付文阁. 中国饲料行业集中度分析 [J]. 饲料工业,2010 (17).

[93] 张锋. 我国饲料加工业产业集中度低问题的交易费用理论分析 [J]. 饲料工业,2013 (3).

[94] 简新华. 产业经济学 [M]. 武汉:武汉大学出版社,2002.

[95] 宋旭琴,蓝海林. 产业链整合战略与组织结构变革研究 [J]. 商业研究,2012 (7).

[96] 尤妙娜. 饲料企业差异化营销策略的控制 [J]. 湖南饲料,2009 (5).

[97] 杨隽. 大明饲料服务营销体系研究 [D]. 西北大学博士学位论文,2007.

[98] 郭新兴. 产业整合的影响因素研究 [D]. 北京交通大学博士学位论文,2011.

[99] 赵静. 中国饲料市场分析与营销创新 [J]. 饲料博览·管理版,2008 (9).

[100] 赵辉文,杨帆等. 陕西饲料产业链延伸模式调研与思考 [J]. 饲料广角,2013 (7).

[101] 陈灯塔. 应用经济计量学 [M]. 北京:北京大学出版社,2012.

[102] Barrett. Food Security and Food Assistance Programs [J]. Food industry,2005 (1):7 – 14.

[103] 王娇娇. 美欧饲料企业一体化状况对中国的启示 [J]. 科技与创新,

2015（6）.

［104］胡景江．创新是饲料企业核心竞争力的源动力［J］．饲料广角，2010（9）.

［105］赵明．饲料行业竞争格局探讨［J］．饲料广角，2014（1）.

［106］丁孟春，姜会明．东北地区饲料加工业发展的问题及对策［J］．中国农业资源与区划，2016（4）.

［107］王慧珍．我国饲料质量安全监管现状思考［J］．饲料广角，2013（2）.

［108］蔡辉益．中国饲料工业发展若干重大问题探讨［J］．饲料工业，2012（10）.

［109］方热军，苏文芹．我国饲料卫生标准化建设的现状与建议［J］．饲料工业，2014（11）.

［110］陆泳霖．纵论当前我国饲料行业发展形势［J］．中国饲料，2013（5）.

［111］张峭，徐磊．2013年我国饲料市场形势分析和2014年展望［J］．中国猪业，2014（2）.

［112］王梦琦，李大兵．饲料加工企业质量安全行为形成机制分析［J］．农业经济，2016（10）.

［113］吴洋，张明海．饲料生产应向科技寻求新利润［J］．农业知识，2011（3）.